KB212425

잊지 않고 항상 깨어 있음으로 완벽하게 하라.

Appamādena Sampādetha

달빛처럼 꽃향처럼

아신 빤딧짜 스님의 자애경 강의

2018년 9월 1일 초판 1쇄 인쇄
2018년 9월 7일 초판 1쇄 발행

법문 아신 빤딧짜 스님
녹취기록 부산 불자님, 유은경 불자님
정리 아마라
교정 1차: 님말라, 2차: 담마빠라
펴낸곳 붇다담마연구소(Buddhadhamma Sutesana Ṭhāna)

신고번호 제2018-000045호
신고일 2018년 7월 12일
주소 서울 특별시 강동구 성안로 35
전화 02) 470-3969(서울), 051) 622-3969, 070-4139-3969(부산)
web http://dhammayana.com
카페 http://cafe.daum.net/middleway 담마야나 선원
E-mail ashinpandicca@hanmail.net

디자인 나라연

© 아신 빤딧짜, 2018. Printed in Seoul, Korea

ISBN 979-11-964357-4-5 03220

이 도서의 국립중앙도서관 출판예정도서목록(CIP)은 서지정보유통지원시스템 홈페이지(http://seoji.nl.go.kr)와 국가자료종합목록시스템(http://www.nl.go.kr/kolisnet)에서 이용하실 수 있습니다. (CIP제어번호 : CIP2018026204)

• 이 책 내용의 전부 또는 일부를 재사용하려면 반드시 저자의 동의를 받아야 합니다.

달빛처럼 꽃향처럼

아신 빤딧짜 스님의 자애경 강의

Sukhino va khemino hontu, sabbasattā bhavantu sukhitattā.

(수키노 와 케미노 혼뚜 삽바삿따- 바완뚜 수키땃따)

모든 존재들이 몸이 건강하고 행복하기를!

위험 없고 평화롭기를!

마음이 평안하고 행복하기를!

㈜붇다담마연구소

1. 삼보예경

Namo tassa bhagavato arahato sammāsambuddhassa.(3번)

나모 땃사 바가와또 아라하또 삼마삼붓닷사.

아라하또 모든 번뇌를 완전히 여의시어 온갖 공양과 예경 받으실 만하며

삼마삼붓닷사 사성제 진리를 비롯한 모든 법을 올바르게 스스로 깨달으신

땃사 바가와또 그 존귀하신 부처님께

나모 절합니다.

모든 번뇌를 완전히 여의시어 온갖 공양과 예경 받으실 만하며 사성제 진리를 비롯한 모든 법을 올바르게 스스로 깨달으신 그 존귀하신 부처님께 절합니다.

2. 연민심

고통 받는 중생들 모든 고통에서 벗어나기를

위험 처한 중생들 모든 위험에서 벗어나기를

걱정 있는 중생들 모든 걱정 근심에서 벗어나기를 (3번)

Dukkhappattā ca niddukkhā

Bhayappattā ca nibbhayā

Sokappattā ca nissokā

Hontu sabbepi pāṇino (3번)

둑캅빳따 짜 닛둑카

바얍빳따 짜 닙바야

소깝빳따 짜 닛소까

혼뚜 삽베삐 빠니노

sādhu, sādhu, sādhu!

사-두, 사-두, 사-두!

책을 내며

『자애경』(Mettasutta, 멧따숫따) 법문은 2014년 부산 담마야나 선원 개원식을 맞이하여 여러 큰스님들을 모시고 법회를 마련하여 법문하신 내용입니다. 부처님께서 설하신 『자애경』은 5부 니까야 중 『쿳다까니까야(Khuddakanikāya)』의 「쿳다까빠타(Khuddakapāṭha)」 9번 경전에 수록되어 있습니다.

자애(멧따)를 가지고 사는 삶은 브라흐마위하라, 범천의 삶입니다. 멧따는 사무량심인 '멧따(자)', '까루나(비)', '무디따(희)', '우뻭카(사)' 중 하나이며, 또 십바라밀에도 '자애바라밀(멧따빠라미)'이 있습니다. 자애수행으로 선정삼매에도 들 수 있습니다.

지금 이 시대에 가장 필요한 것이 바로 자애입니다. 안전과 평화와 행복이 자애 없이 보장될 수 없고 모든 존재의 마음에 자애가 없으면 평온하지 않고 항상 불안할 것입니다. 그래서 자애수행이 아주 중요하고 꼭 필요합니다.

보통 『자애경』(멧따숫따)을 주로 독송용으로만 그치는데, 부처님께서는 수행 실천을 위해서 가르치셨습니다. 특히, 『자애경』에서 자애수행(멧따바와나)의 기본자세로 15가지 요소를 가르치셨는데, 이 요소들은 자애수행뿐만 아니라 모든 수행에서도 필요합니다.

이 15가지 요소를 수행자의 기본자세로 닦은 후 본 수행을 시작하면 수행이 순조롭게 잘 될 것입니다.

지금 부산 담마야나 선원 개원 2주년째 들어갈 무렵 대구 담마야나 법승회 수행자분들의 신심과 노력으로 이 책을 발간하여 법보시하게 되었습니다. 여러분 모두 이 『자애경』을 통하여 부처님의 가르침인 자애수행(멧따바와나)을 확실하게 이해하고 실천할 수 있기를 바랍니다.

사-두, 사-두, 사-두!

2016년 4월 15일

부산 남구 용당동 담마야나 선원에서
아신 빤딧짜Ashin Pandicca

차례

예경 및 연민심 • 4

책을 내며 • 7

자애경 한글판 • 12

제1편 우 소비따 사야도 법문 17

【첫째날 법문】

1. 자애의 정의 • 18
   1) 자애의 적 – 성냄(dosa도사) • 19
   2) 자애의 친구– 인내(khantī칸띠) • 22
   3) 자애와 자애수행의 정의 • 23
   4) 자애의 대상 – '아노디사'와 '오디사' • 25
   5) 자애를 베푸는 자가 자애의 결과를 받는다 • 28
   6) 자애의 비유 • 31
2. 네 가지 보호수행 • 33
3. 자애 수행 방법 • 34
   1) 자애를 어떤 순서로 시작하면 좋은가? • 34
   2) 자애수행할 때 대상으로 삼지 말아야 하는 것 • 38

3) 자애수행하는 구체적 방법 • 39
4) 자애수행 실습 • 46

【둘째 날 법문】

1. 자애의 힘 • 48
2. 자애의 특징 네 가지 • 61
1) 자애의 본성 • 61
2) 자애가 하는 일 • 62
3) 자애의 결과, 나타나는 이미지 • 63
4) 자애의 가까운 원인 • 64
3. 『자애경』을 설하시게 된 배경 • 64
4. 자애의 공덕 이야기 • 69
5. 자애수행 실습 • 75

제2편 아신 빤딧짜 사야도 법문 77

1. 『자애경』 원문 • 77
2. 『자애경』의 공덕 • 83
3. 자애수행 두 가지-일반 자애와 선정 자애 • 95
4. 『자애경』 해설 • 96
1) 서문-후대 스님들의 격려의 말씀 • 97
2) 자애수행의 기본 자세 열다섯 가지 • 101
3) 자애를 보내는 열한 가지 방법 • 158
(1) 통합하여 모든 존재들에게 한 가지 • 158
(2) 세부적으로 나누어서 열 가지 • 161
(3) 어떤 마음으로? • 173
(4) 어디까지? • 176
(5) 위빳사나 수행으로 깨달음까지 • 183
4) 자애실천문 • 187
5. 법보시가 최고 • 189
6. 발원 및 회향 • 191

자애경 한글판

『자애경』의 위대한 힘 덕분에 야차(무서운 신)들이 두려운 형상, 소리 등 대상을 보여 주지 못합니다. 이 『자애경』을 밤낮으로 게으르지 않고 열심히 지속적으로 독송하며 수행하는 자는 몸과 마음이 편안하고 행복하게 잠들며, 잠자는 동안에도 악몽을 꾸지 않습니다. 수행자들이여! 이 열한 가지 공덕을 갖춘 『자애경』을 독송합시다.

(1)

완전한 고요함인 닙바나에 이르려면 유능한 수행자는 마땅히 해야 하는 일인 계·정·혜를 닦아야 합니다. 계·정·혜를 잘 실천해낼 수 있어야 하고 정직하고 매우 정직하고 순종하고 온화하고 교만하지 않아야 합니다.

(2)

주어지는 대로 만족하고 까다롭지 않아 뒷바라지하기 쉽고 분주하지 않고 간소한 생활을 하고, 고요한 감관을 가지고 성숙한 지혜가 있어야 하고 무례하고 거칠지 않으며 사람과 신도들에게 집착하지 않습니다.

(3)

현명한 이들에게 비난을 받을 만한 사소한 허물도 일삼지 않습니다. 모든 존재들이 행복하기를! 위험 없기를! 몸과 마음이 편안하고 행복하기를!

(4)

살아 있는 생명이면 예외 없이, 무서움이 있거나 무서움이 없거나, 길거나 중간이거나 짧거나, 혹은 크거나 중간이거나 작거나, 뚱뚱하거나 중간이거나 말랐거나,

(5)

보았든 보지 못했든, 멀리 있든 가까이 있든, 태어날 일이 끝난 아라한이든 태어날 일이 남은 유학과 범부이든 이 세상 모든 존재들이 행복하기를!

(6)

어느 누구든 다른 이를 속이지 않고 어디서나 다른 이를 조금도 무시하지 않으며 분노와 원한을 가지고 서로서로 다른 이의 고통을 바라지 않아야 합니다.

(7)

어머니가 하나뿐인 자식을 자신의 목숨보다 소중하게 보호하듯 이 세상의 모든 존재들을 향하여 무량한 자애마음을 많이 모아 쌓아야 합니다.

(8)

위에 사는 모든 무색계 존재들, 아래에 사는 모든 욕계 존재들, 중간에 사는 모든 색계 존재들, 온 세상 모든 존재들에게 아주 넓게, 원한도 적의도 넘어선 무량한 자애를 펼쳐야 합니다.

(9)

서 있거나 걷거나 앉아 있거나 누워 있거나 깨어 있는 동안에는 언제 어디서나 자애의 마음을 잊지 않고 닦아 가는 생활을 고귀한 삶이라고 부처님께서 설하셨습니다.

(10)

계행과 지혜를 완벽하게 지닌 수행자는 잘못된 견해에 얽매이지 않으며 감각적 욕망을 제거하고 모든 번뇌를 소멸하여 다시는 잉태되어 윤회하지 않습니다.

사-두! 사-두! 사-두!

달빛처럼 꽃향처럼

아신 빤딧짜 스님의 자애경 강의

제1편
우 소비따 사야도 법문

스님 축원이 있겠습니다.

Sukhitā hotha(수키따 호타)

수키따(sukhitā)'는 '행복하기를', 호따(hotha)는 '그렇게 되기를'이라는 의미입니다.

오늘 법문 들으러 오신 모든 분들과 함께 모든 존재들의 몸이 건강하고 마음이 행복하기를, 그리고 몸과 마음이 편안하기를.

Dukkhā muccatha(둑카 뭇짜타)

둑카(dukkhā)'는 '고통에서', 뭇짜타(muccatha)는 '벗어나기를'이라는 의미입니다.

오늘 법문 들으러 오신 모든 분들과 함께 모든 존재들이 몸과 마음의 모든 고통에서 벗어나기를!

【첫째 날 법문】

1. 자애(Metta멧따)의 정의

자애는 모든 존재들의 행복을 바라는 마음입니다. 논장인 「아비담마」에 자애라는 궁극적인 실재는 없지만 마음부수에 '성냄 없음'(adosa아도사)이 있는데 그것이 자애의 궁극적 실재인 마음부수입니다. '아도사'는 아름다운 마음부수(sobhaṇa cetasika소바나 쩨따시까)의 묶음 속에 있습니다. '소바나'는 '아름답다, 빛이 난다, 깨끗하다, 죄가 없다, 남을 해치는 것이 없다'는 의미입니다.

'멧따찟따(metta citta)'를 한국말로 자애로운 마음이라고 할 때, '멧따'가 마음부수이고 '찟따'가 마음입니다. 이렇게 마음부수와 마음은 서로 다릅니다. 자애로운 마음이 되게끔 하는 것이 아도사이고 그 '아도사'가 자애의 마음부수입니다.

마음부수에 대한 이해를 높이기 위해서 예를 들어 보겠습니다. 우리가 어떤 대상을 보고 탐욕(lobha로바)이 생길 때 탐욕이 마음부수이고, 탐욕이 있는 마음이 마음입니다.

탐욕 마음부수가 탐내는 마음을 만듭니다. 마찬가지로 어떤 대상을 보고 미워하는 성냄(dosa도사)이 생길 때가 있습니다. '도사'는 화 또는 성냄인 해로운 마음부수입니다. '도사'가 마음에 들어오면 우리의 마음은 성내는 마음이 됩니다. 마음부수는 하얀 천을 물들이는 염료같이 마음을 여러 가지 색으로 물들입니다.

이렇게 마음을 통제하는 여러 가지 마음부수 중 '아도사'라는 마음부수는 우리 마음을 '모든 존재들의 행복을 바라는 마음'이 되게끔 하는 자애의 마음부수입니다. 자애로운 마음이 생기면 우리의 마음은 깨끗하고 평온하고 죄가 없고 착한 마음이 됩니다. 그렇게 맑고 깨끗하고 죄가 없고 평온하고 아름다운 자애 마음을 우리는 키워야 합니다.

『청정도론』에서는 자애수행을 하기 전에 자애의 적인 성냄(dosa도사)의 좋지 않은 점과 자애의 친구인 인내(khantī칸띠)의 좋은 점을 먼저 숙지해야 한다고 합니다. '도사'는 '성냄' 또는 '화'인데 그런 성내는 마음으로는 자애를 베풀지 못합니다. 그리고 "인내(khantī칸띠)는 자애의 좋은 도반이다."라는 말이 있듯이 자애를 잘 베풀려면 인내가 있어야 합니다. 요컨대 자애 수행을 하기 전에 자애의 적인 성냄의 허물을 생각하고 또 자애의 친구인 인내의 좋은 점을 생각합니다.

1) 자애의 적 – 성냄(dosa도사)

먼저 자애의 적인 성냄의 허물을 알아보겠습니다. 성냄이 생기면 본인의 마음이 망가집니다. 성냄이라는 마음부수 자체가 마음을 망가지게 할 뿐만 아니라 동시에 같이 생기는 다른 마음부수들도 망가지게 합니다.

성냄이 '본인 스스로의 마음을 망가지게 한다.'는데 무슨 말입니까? 성냄이 생기면 바로 평온이 사라지고 마음이 괴로워집니다. 그것이 스스로를 망가지게 한다는 의미입니다. 이렇게 스스로를 망가지게 하는 것이 성냄의 특징입니다.

어떻게 그 사람을 망가지게 하는가 하면 화가 많으면 피부와 피의 색깔이 검게 변합니다. 그리고 인상이 좋지 않게 달라집니다. 화가 나면 얼굴이 빨개지고 심장이 두근거리고 온몸이 부들부들 떨리고 경직되지요? 화를 내면 이렇게 본인의 몸이 무척 괴롭습니다. 그뿐 아니라 성냄은 주변에 있는 다른 사람도 괴롭힙니다. 남편 혹은 부인, 아들과 딸까지도 괴롭힙니다.

화는 이렇게 자신과 가족을 괴롭히는 데 더해 동네 사람들을 괴롭히고, 같은 도시 사람들을 괴롭히고, 나라를 괴롭히고, 심지어 전쟁까지도 일으킵니다. 그런 모든 문제를 이 성냄이 일으킵니다. 여러분들이 알고 있는 1차 세계대전과 2차 세계대전이 바로 그 예입니다. 그 세계대전에서 사람들이 서로서로를 죽이는 것은 성냄 때문이고 우리가 전쟁을 일으키는 것도 성냄 때문입니다. 마찬가지로 다른 사람을 욕하고 흉보고 괴롭히는 것도 성냄이 시켜서 하는 일이라는 것을 잘 아시기 바랍니다.

존재들에게 성냄이 많을수록 이 지구는 빨리 멸망하게 됩니다. 모든 것이 무상하므로 이 지구도 결국은 멸망하겠지만 사람들에게 화가 너무 많으면 지구는 불로 더 빨리 멸망하게 됩니다. 부처님 가르침에 따르면 지구가 멸망할 때 불과 물과 바람으로 멸망한다고 하셨습니다. 이 3가지 요인 중에서 존재들의 성냄이 많을 때 불로 망가지는 쪽으로 가게 됩니다.

불처럼 태우고 뜨겁게 한다는 의미에서 성냄을 불로 비유를 많이 합니다. 지금 이 법문을 듣고 계신 여러분들도 화를 내어 본 적이 있지요? 화날 때 느낌이 어떻습니까? 행복해요? 괴로워요? 몸이 뜨겁고 괴롭습니다. 바로 그것입니다. 우리가 화를 내면 일단 내가 망가지고 또 내 주변, 내 가족, 내 동네, 이 나라, 이 지구가 다 망가지게 됩니다. 이러한 성냄의 좋지 않은 점을 잘 생각해 보아야 합니다. 그 성냄이 얼마나 쉽게 생기는가 하면 밥 먹다가도 반찬이 마음에 들지 않으면 바로 화가 납니다.

'화(dosa도사)'는 두 가지로 크게 나눌 수 있습니다. 업(Up) 되는 화, 다운(Down)되는 화로 간단하게 말할 수 있습니다. '업 되는 화'는 공격적인 화이고 '다운되는 화'는 마음이 우울해지고 축 처지는 화입니다.

'업 되는 화'가 입으로 나타나면 다른 사람에게 욕을 하고 고함을 지르고, 몸으로 나타나면 남을 때리고 발로 차고 칼로 찌르고 죽입니다. 이것이 공격적인 화의 모습입니다.

'다운되는 화'는 약한 마음, 우울함, 열등감 같은 것입니다. '아, 저 사람은 저렇게 예쁜데 나는 못생겼다', '저 사람은 잘사는데 나는 못산다', '저 사람은 잘 먹는데 나는 못 먹는다', '저 사람은 공부를 잘하는데 나는 못한다.'

다운되는 화는 이렇게 내가 나를 싫어하고 나는 제대로 되는 게 없다고 스스로를 욕하고 해치는, 그런 마음들입니다.

한국에도 스스로를 싫어하면서 자살하는 사람이 많지요? 자살을 일으키는 것도 성냄의 한 측면인데 그것은 공격적인 '업 되는 화'가 아니라 스스로 우울함으로 가는 '다운되는 화'입니다. 오늘

한 수행자가 부산을 구경시켜 주었는데 태종대의 어느 바위에서 사람들이 많이 뛰어내려 자살했다고 합니다. 그런 것이 스스로에게 화를 내어서 자살하는 것입니다. 그래서 자애수행을 잘 하기 위해서는 먼저 이 성냄의 허물을 잘 숙지해야 합니다.

2) 자애의 친구 – 인내(Khantī칸띠)

다음은 자애의 친구인 인내, 혹은 참을성의 공덕을 생각해 보겠습니다. 이 법문을 들으시는 여러분들도 알다시피 서로 맞지 않고 서로 보기만 해도 화가 나고 사회적으로 대인관계가 나쁜 원인은 모두 인내심이 없기 때문입니다. 인내심이 좋은 사람, 참을성이 있는 사람에게는 그런 문제가 없겠지요.

여러분들은 문제가 있는 것이 좋아요? 문제가 없는 것이 좋아요? 문제가 없는 것이 좋지요? 그러려면 많이 참으셔야 합니다.

인내심은 다른 때보다 수행할 때 더 많이 있어야 합니다. 부처님께서는 "모든 선업은 인내심을 통해서 이루어진다. 인내심이 있어야 선업이 된다."라고 말씀하셨습니다. 수행할 때 다리가 아프고 저리고 콕콕 찌르는 등 여러 가지 몸의 통증들이 있습니다. 그때 어떻게 합니까? 참아야 합니다. 참지 못하면 수행 못하는 거지요.

요약하면 자애수행할 때 성냄의 허물을 잘 생각해 보고 또 성냄 없는 인내심의 공덕을 잘 알고 있으면 자애수행이 더 잘됩니다.

3) 자애와 자애수행의 정의

자애는 모든 존재들이 잘되고 행복하기를 바라는 마음입니다. 사람들에게 "행복을 바라는가? 아니면 고통을 바라는가?" 이렇게 물으면 모두 "행복하고 싶다."라고 대답합니다. 그렇게 모든 존재들은 행복을 원하고 고통을 원하지 않습니다.

모든 존재들이 바라는 것이 행복이기 때문에 그 존재들이 바라는 대로 되기를 바라면서 '행복하기를!'이라고 마음을 내면 그것이 바로 자애마음이 됩니다. 또한 모든 존재들은 건강하기를 원하는데 그렇게 자기들이 원하는 대로 '건강하기를!'이라고 마음을 내면 그것도 자애마음입니다.

모든 존재들은 위험에서 벗어나고 싶고 위험을 피하고 싶고 위험 없기를 바랍니다. 또 몸이 아프면 무서워하고 통증이 없으면 좋아합니다. 마음에 괴로움이 없으면 좋아하고 괴로움을 피하고 싶어 합니다. 그렇게 모든 존재들이 바라는 대로 '위험 없기를!' '몸에 통증 없기를!' '마음에 괴로움이 없기를!'이라고 정말 간절히 바라면 그것이 자애마음입니다.

이런 마음을 '사무량심'[1]이라고 합니다. 사무량심으로 사는 범천의 삶을 pāḷi어로 '브라흐마위하라(Brahmavihāra)'라고 합니다. 미얀마 말로는 '비암마쏘'입니다. '비암마쏘'에서 '쏘'라는 말은 '촉촉하다' '물기가 있다'라는 뜻입니다. 즉 마음이 메말라 있지 않고 아주 촉촉한 마음, 부드러운 마음이라는 것입니다. 자애에 대한 미

---

1 사무량심이란 자(慈, Mettā멧따), 비(悲, Karuṇā까루나), 희(喜, Muditā무디따), 사(捨, Upekkhā우뻭카)로 자애, 연민, 같이 기뻐함, 평온을 의미한다.

얀마 말과 한국말의 뉘앙스가 조금 다르지요? 이 '비암마쏘'라는 마음은 말라 있는 마음이 아니고 자애로 아주 촉촉하고 부드러운 마음이라는 뜻입니다. 그것은 모든 존재들이 잘되기를 바라는, 모든 존재들의 행복을 바라는 자애마음입니다.

무량을 pāḷi어로 '압빠마나(appamāṇa)'라고 합니다. '빠마나(pamāṇa)'는 '양(量)'이고 '압빠마나'는 빠마나(양)가 없는 무량(無量)입니다. 이 정도나 저 정도가 아니고 한계가 없는 마음, 무량심입니다. 무량의 중생들을 대상으로 가지는 마음입니다. 그런 무량의 자애마음이 생기면 그 사람의 마음은 평온하고 행복하고 맑고 깨끗하고 죄가 없고 잘못이 없게 됩니다. 이렇게 모든 존재들의 행복을 바라고 모든 존재들이 잘되기를 바라는 마음을 자애마음이라고 합니다.

자애를 우리가 일반적으로 생각하는 남녀간의 사랑과 혼동해서는 안 됩니다. 남자와 여자가 서로 좋아하는 사랑은 탐욕(lobha로바)으로서 해로운 마음부수입니다. 그러나 자애는 탐욕 없음(alobha아로바)과 함께한 성냄 없음(adosa아도사)으로 아름다운 마음부수입니다.

자애를 일반적인 이성간의 사랑과 똑같이 생각하면 안 됩니다. 그렇게 모든 존재들이 행복하기를 바라고 잘되기를 원하는 자애마음이 우리 마음속에 딱 한 번만 일어나도 큰 선업이 됩니다. 그렇지만 한 번으로 끝나지 않고 반복하면서 다시 앞뒤로 연결시켜 지속적으로 자애마음이 되게끔 노력하는 것이 중요합니다. 그것을 '자애수행(metta bhāvanā멧따 바와나)'이라고 합니다. 자애수행을 한다는 것은 그런 자애마음을 많이 모아서 쌓고 키운다는 의미입니다.

자애수행은 첫째는 모든 존재들이 행복하고 잘되기를 바라는 마음이 생기게끔 해야 하고, 둘째는 한 번 생기고 그냥 끝나는 게 아니라 많이 모아서 쌓이게끔 계속 반복해야 합니다. 그것을 미얀마 말로 '뽀아'라 합니다. '뽀아'라는 것이 하나에서 둘, 둘에서 넷, 넷에서 여덟, 이런 식으로 많아지도록 모으고, 쌓고, 키우는 것입니다. 그것이 수행의 정의입니다. 그렇게 반복적으로 자애마음을 많이 모으고 쌓고 키우는 것을 '자애를 수행한다.'라고 합니다.

4) 자애의 대상 – '아노디사'와 '오디사'

어법(語法)으로 자애를 보낸다고 할 때 주체, 즉 하는 사람이 있어야 합니다. 하는 사람이 있으면 받는 대상, 객체가 있습니다. 자애의 대상, 객체는 무엇인가요? 바로 살아 있는 모든 존재들입니다. 살아 있는 모든 존재들을 대상으로 자애를 베풀어야 합니다.

지금 법문 듣고 있는 분들에게 스님이 '여기 계신 모든 분들이 건강하고 평화롭고 행복하기를!'이라고 하면서 스님 마음속에 자애가 일어날 때, 여러분들은 객체인 대상이고 스님 마음속에 있는 자애가 주체입니다.

입장을 바꿔서 법문 듣는 여러분들이 스님을 보고 '스님께서 건강하고 행복하고 위험 없기를! 지금처럼 빼빼하게 야위지 않고 살이 찌면서 건강하시기를!' 이렇게 자애를 보내면 여러분들의 자애가 주체이고 스님은 객체입니다. 이것은 어법으로 설명한 것인데 이해하십니까?

또 다른 측면에서 보면 자애의 대상을 보는 것이 원인이고 그 원인으로 본인의 마음속에 '건강하고 행복하기를!'이라고 바라는 자애마음이 생기는 것이 결과입니다.

그렇게 대상을 통해서 본인 마음속에 자애를 키울 때 그 대상은 '아노디사(anodhisa)'[2]와 '오디사(odhisa)', 두 가지가 있습니다.

첫째, '아노디사'는 이 사람 또는 저 사람으로 특정 대상을 정하지 않고 모든 존재들을 대상으로 할 때를 말합니다. 그렇게 전체를 대상으로 자애를 보낼 때 '아노디사'라고 합니다.

둘째, 자애의 대상을 '어떤 사람' '어떤 그룹' '똑같은 종류의 남자들, 혹은 여자들'로 특정한 대상을 정해서 하는 것입니다. 그것을 '오디사'라고 합니다.

여러분들은 이 두 가지를 모두 할 수 있습니다. '모든 존재들이 건강하고 행복하고 평화롭기를!' 이렇게 '모든 존재들'이라고 할 때는 특정 대상을 정하지 않고 전체를 대상으로 하기 때문에 '아노디사'라고 합니다. '모든 존재들'이라고 말할 때에는 본인도 거기에 속합니다. '모든 존재들이 건강하기를! 행복하기를! 위험 없기를!'이라고 할 때 '나는 그 안에 없다'라고 생각하면 안 되고, '나도 한 존재로서 그 모든 존재 안에 속한다.'라고 이해해야 합니다. 그것이 '아노디사'입니다.

---

2 아노디사(anodhisa) adv. [an-odhi의 abl.] 제한 없다. / 오디(odhi) 제한, 범위

그리고 '어머니가 건강하기를!' 아니면 '어머니가 위험 없기를!', '아버지가 건강하기를!' '아버지가 행복하고 편안하기를!', '스승님이 행복하기를!' 혹은 그룹으로 '군인들이', '우리나라 사람들이' 이렇게 특정한 대상을 정해서 자애를 보낼 때는 '오디사'라고 합니다.

요약하면 자애수행의 대상을 두 가지로 나누는데 첫째, 대상을 정하지 않고 모두를 통틀어서 말하는 자애수행이 '아노디사'이고 둘째, 어떤 사람, 어떤 그룹, 이런 식으로 대상을 정해서 하는 자애수행이 '오디사'입니다.

이렇게 자애수행은 대상을 한정하느냐, 그렇지 않느냐에 따라 크게 두 가지가 있다고 이해할 수 있습니다. 여기서 주의할 점은 부모님이 편찮으실 때 자식의 입장에서 '어머니께서 건강하셔야지.' '아버지께서 아프지 말아야지.' 이렇게 걱정하는데, 그것을 자애라고 착각하면 안 된다는 것입니다. 걱정하는 것과 자애는 다릅니다. 예를 들어 친척이, 남편이, 부인이, 자식들이 외국으로 나가서 살 때 그들이 잘 사는가? 무슨 문제가 있는가? 건강한가? 이렇게 생각할 때 입으로는 '건강하기를! 행복하기를!'이라고 말하지만 마음속으로는 걱정하고 있습니다. 그러면 그것은 자애가 아닙니다.

자애가 있을 때는 마음이 시원하고 편안하고 평온합니다. 그렇지만 걱정이 있을 때는 마음속에 근심이 있고 불안하고 힘듭니다. 이런 차이를 잘 알고 이해해야 합니다.

만약 내 마음속에 자애가 생겼다면 나의 마음은 깨끗하고 맑습니다. 내가 뭔가 되고 싶고, 하고 싶고, 어딘가 가고 싶다면 이것은 욕심내는 것입니다. 내가 싫어하고 미워하고 무서워하면 성내는 것입니다. 자애는 이렇게 바라는 탐욕이 없고, 걱정하는 성냄이 없고, 또 자만도 없는 깨끗한 마음입니다. 더러운 번뇌가 없는 마음이 자애마음입니다.

5) 자애를 베푸는 자가 자애의 결과를 받는다

한국에는 낯선 풍습이겠지만 미얀마에는 두 사람이 만날 때 '저에게 자애를 베풀어 주세요.'라는 말을 합니다. 그게 무슨 말인가? '저를 통해서 당신이 선업을 지으세요.' 그런 뜻입니다. '저에게 자애를 베풀어 주세요.'라고 할 때 그 사람에게 자애를 보내면 자애를 보내는 사람이 그 선업의 좋은 과보를 받게 됩니다.

자애의 대상을 보는 것이 좋은 과보의 원인이 됩니다. 만약 당신이 친구를 만나 당신의 마음속에 '행복하기를!'이라는 자애심이 생긴다면, 그 친구를 보는 것이 원인이 되어 자신의 마음에 자애심이 생기는 결과가 나타납니다. 자애를 베푸는 자는, 그 결과로 자애심이 생기고 또 그 선업의 공덕을 받게 됩니다. '저에게 자애를 베풀어 주세요.'라고 할 때 그 말을 하는 사람이 결과를 받는 것이 아니고 자애를 베푸는 사람이 좋은 과보를 받게 됩니다. 즉 부탁하는 사람을 원인으로 하여 부탁 받은 사람의 마음속에 자애가 생기기 때문에 자애를 베푸는 사람이 결과를 받습니다. 그래서 '저에게 자애를 베풀어 주세요.'라고 하는 것은 '저를 통해서 선업을 지으세요.'라는 말이 됩니다.

어떤 부부가 경기가 안 좋아서 사업이 잘 안 되고 여러 가지 문제가 생겨 많이 힘들게 되었습니다. 그래서 부부가 선업을 지어야지 하면서 맛있게 요리를 하여 빤딧짜 스님께 공양을 올렸습니다. 그러면서 "스님, 저희들이 이렇게 경기가 안 좋아 돈 벌기가 힘듭니다. 저희들에게 자애를 베풀어 주세요."라고 말했습니다. 그래서 빤딧짜 스님은 공양을 맛있게 먹고, 또 '이 부부가 잘되기를! 건강하기를! 일이 잘 풀리기를!'이라고 하면서 자애를 베풀었습니다. 그러면 빤딧자 스님은 맛있는 공양도 하고 자애를 베푸는 선업도 짓고, 그렇게 두 가지 복을 받게 됩니다. 이해합니까?

다시 말해서 그 부부는 건강이 안 좋고 몸이 아프고 또 경기가 좋지 않아 하는 일이 잘 안 풀려서 복을 받기 위해 공양 올리려고 왔는데 빤딧짜 스님은 공양도 맛있게 먹고 또 그 부부가 건강하고 행복하고 일이 잘 풀리도록 자애를 베푸는 착한 마음이 생겼으니 공양 올린 사람들은 뒤로 하고 일단 빤딧짜 스님의 선업 공덕이 더 커진다는 말입니다. 두 가지 복, 즉 공양도 받고 자애의 공덕도 받는다는 말입니다.

사실 부부가 어떻게 해야 하는가 하면 그렇게 몸이 아프고 건강이 안 좋고 경기가 안 좋고 사업도 잘 안 되고 대인관계도 안 좋을 때, 부부는 자기들이 그렇게 좋지 않은 만큼, '모든 존재들이 위험에서 벗어나고 건강하기를! 행복하기를! 평화롭기를! 일이 잘 풀리기를!' 하고 계속 반복하면서 이렇게 착한 마음들이 생기게 해야 합니다. 또 '빤딧짜 스님께서 건강하고 행복하시기를!'이라고 하면서 공양을 올려야 합니다. 그렇게 해야 자신의 마음에 자애가 생기고 그것이 착한 원인이 되어 그에 따른 좋은 결과를 자신이 받습니다.

부처님의 가르침에는 스스로 하고 스스로 받는다고 하였습니다. 누가 대신 하고 누가 대신 받는 것은 절대 없습니다. 스님이 여러분들에게 '건강하기를! 행복하기를! 평화롭기를!'이라고 하면 여러분들은 원인이고 그 원인을 통해서 스님 마음속에 자애가 생기기 때문에 자애의 결과를 스님이 받습니다. 축원을 듣는 여러분들이 받는 것이 아닙니다.

마찬가지로 여러분들이 스님을 보고 '스님이 건강하기를! 행복하기를! 평화롭기를! 위험 없기를!' 하면서 여러분들 마음에 자애가 생기면, 그 깨끗하고 허물 없는 마음, 좋은 마음, 아름다운 마음으로 스님이 좋아지는 것이 아니고 여러분들이 공덕을 받고 결과를 받게 됩니다. 이렇게 자애 수행자가 자애를 키우고 모아서 많이 생기게끔 하면 자애의 공덕을 받게 되는데 그 공덕이 11가지[3]가 있습니다.

그런데 이렇게 자애를 베풀면 상대방에게는 공덕이 없는가? 그렇지 않습니다. 자애를 베풀 때 내 마음에서 그 사람이 '건강하기를! 행복하기를! 잘 되기를!'이라고 바라고 있기 때문에 상대방도 똑같이 나를 반대하고 싶은 마음이 없고 내가 잘못되기를 바라지 않고 나를 해치고 싶은 마음이 생기지 않습니다.

자애라는 것이 오고 가고, 주고받는 것이 있습니다. 내가 그 사

---

3 자애명상을 하면 11가지 유익함이 있다. ① 편히 잠든다. ② 편히 잠에서 깨어난다. ③ 악몽에 시달리지 않는다. ④ 사람들이 사랑하게 된다. ⑤ 천신들과 동물들이 사랑하게 된다. ⑥ 천신들이 보호한다. ⑦ 독극물, 무기, 물, 불 등의 외적인 위험에 의해 해를 받지 않는다. ⑧ 얼굴에서 빛이 난다. ⑨ 마음이 평온해진다. ⑩ 죽을 때 혼란되지 않는다. ⑪ 죽은 후 범천(梵天)이라는 행복한 천상 세계에 태어난다.

람이 잘 되기를 바라면 그 사람도 내가 잘 되기를 바라게 되어 있습니다. 예를 들어 내가 그 사람에게 미소 짓고 웃으면서 맞이하면 그 사람도 나에게 똑같이 미소를 짓게 됩니다. 마찬가지로 내가 그 사람을 보고 인상을 쓰면 그 사람도 나에게 인상을 쓰게 됩니다.

개 두 마리가 만나서 이빨을 드러내는 것은 서로 좋아서 미소 짓는 게 아니고 화나서 물려고 하는 것입니다. 개 한 마리가 이빨을 드러내는 것은 물고 싶다는 표시입니다. 다른 개도 마찬가지입니다. 이렇게 이 개가 화를 보내니까 저 개도 다시 화를 돌려보내는 것입니다.

그래서 부처님께서는 어떻게 가르치셨습니까? 서로 서로 만날 때 '삐야-무카(piya-mukha)'[4] 하라고 하셨습니다. 사랑하는 얼굴로 서로서로 좋고 잘되기를 바라는 마음으로 보라고 하셨습니다. 그렇게 서로 잘되기를 바라는 것이 '삐야-무카(piya-mukha)'입니다. 그러므로 착한 마음으로 좋은 얼굴을 하면 먼저 내가 행복하고 마찬가지로 상대방도 기쁘고 행복하겠지요?

6) 자애의 비유

지금까지는 자애의 정의를 이야기하였고 이제부터 자애에 대한 여러 가지 비유를 이야기하겠습니다.

---

4 삐야-무카(piya-mukha) : '삐야(piya)'는 사랑하는 마음, 자애로운 마음. '무카(mukha)'는 얼굴. '삐야-무카'는 '사랑하는 얼굴, 자애로운 얼굴'이란 뜻이다.

자애는 아주 시원한 물과 같다고 합니다. 미얀마는 더운 나라이기 때문에 여름에 매우 덥습니다. 아침에 일어나 세수하면 상쾌합니다. 더워서 목이 마를 때 시원한 물 한잔 마시면 갈증이 해소됩니다. 그리고 너무 더워서 몸에 땀이 나고 힘들 때 샤워를 하면 몸이 시원하고 상쾌합니다. 그래서 이 자애를 아주 시원한 물과도 같다고 비유합니다.

또 자애는 보름에 뜬 달과 같다고 합니다. 보름달을 보면 아주 동그랗고 노랗게 예쁘지요? 그 달을 보면 사람들의 마음이 편안하고 시원해집니다. 자애가 그렇습니다. 보름날에 산에 올라가서 아름다운 달을 보며 느끼는 편안함과 시원함과 같이 자애가 그런 맛을 느끼게 합니다.

또 자애는 아주 향기로운 꽃과 같다고도 합니다. 좋은 향기가 나는 꽃을 싫어하는 사람은 없습니다. 모두 다 좋아합니다. 그 향기를 계속 맡고 싶어 하고 그 향기가 나는 꽃을 좋아합니다. 자애도 그렇습니다. 자애를 좋아하지 않는 사람은 없습니다. 자애를 받고 싶어 하는 것은 모든 사람이 그렇습니다.

미얀마에 '난다퓨'라는 나무가 있습니다. 약초로도 쓰이고 여자들의 화장품으로도 많이 쓰이는 향나무입니다. 그 향나무를 바르면 아주 시원하고 향기도 좋습니다. 향기만 맡아도 심장이 편해지기 때문에 약재로도 씁니다. 머리가 어지러울 때 이 '난다퓨' 냄새를 맡으면 머리가 맑아진다고 해서 그 '난다퓨'라는 향나무도 자애의 비유로 많이 듭니다.

2. 네 가지 보호수행(Caturārakkha bhāvanā짜뚜라락카 바와나)[5]

자애수행은 네 가지 보호수행 중 하나입니다. 네 가지 보호수행은

1) 붓다눗사띠(Buddhānussati) : 부처님 공덕 아홉 가지를 숙지함
2) 멧따바와나(Mettā bhāvanā) : 자애수행
3) 까야가따사띠(Kāyagatāsati) 또는 아수바산냐(asubhasaññā) : 몸의 32부분상이 더러운 것이라고 숙지하는 부정관
4) 마라나눗사띠(Maraṇānussati) : 죽음의 숙지입니다.

네 가지 보호수행을 예비수행이라고 합니다. 네 가지 보호수행은 마음을 고요하고 차분하게 집중되게끔 하는 방법이기 때문에 사마타 수행이라고 합니다. 자애수행은 '삽밧타까(sabbatthaka)'[6]라는 어떤 성향의 사람에게도 모두 유익한 수행입니다. 사마타 수행에서는 '이 수행 주제는 이런 성향의 사람과 맞지 않다', '이런

---

5 Caturārakkhaṁ ahāpentāti buddhānussati mettā asubhaṁ maraṇassatīti imaṁ caturārakkhaṁ aparihāpentā (SdṬ.iii.402. '네 가지 보호명상을 빠뜨리지 말고'란 '부처님 공덕 거듭 마음 챙김, 자애, 더러움, 죽음 마음 챙김이라고 하는 이 네 가지 보호명상을 게을리하지 말고'라는 뜻이다).
* 짜뚜라락카(caturārakkha) : 짜뚜(catu, 4가지), 아락카(ārakkha, 보호) 짜뚜라락카바와나(caturārakkhabhāvanā, 네 가지 보호수행)

6 Sabbatthaka-kammatthana : Vism 97, 『청정도론』 1권 291쪽 : 어떤 성향의 수행자에게도 유익한 일반적인 명상의 주제인데 특히 자애·죽음 마음챙김·더러움 인식은 모든 곳에 유익한 명상주제이다.

성향의 사람에게는 이 수행 주제가 맞다' 이런 점이 있어서 수행 주제를 줄 때에는 그 사람의 성향에 맞게 줍니다. 그러나 이 자애 수행은 어떤 성향의 사람이 해도 좋은 수행이라는 말입니다. 그래서 자애수행은 네 가지 보호수행에도 속하고 모두에게 유익한(삽밧타까) 수행에도 속하는 수행법입니다.

위빳사나 수행자들도 '빠리깜마(parikamma)'[7] 혹은 '뿝바낏짜(pubbakicca)'[8]로 이 네 가지 보호수행을 합니다. '빠리깜마'는 수행 기초를 닦는 것이고, '뿝바낏짜'는 수행하기 전에 해야 하는 일입니다. 위빳사나 수행에 앞서 해야 하는, 위빳사나의 기초로서 꼭 해야 하는 것도 이 네 가지 보호수행입니다.

'짜뚜라락카(네 가지 보호)'와 '삽밧타까(모두에게 유익한)'라는 이 네 가지 수행을 위빳사나 수행자도 필수적으로 한다는 것을 기억하시기 바랍니다.

3. 자애 수행 방법

1) 자애를 어떤 순서대로 시작하면 좋은가?

모든 존재들은 건강하고 행복하고 잘되고 싶어 합니다. 그렇다면 자애를 시작할 때 어떤 순서대로 시작하면 좋을까요?

---

7 빠리깜마(parikamma) : n. [BSk. parikarma] 정치(淨治), 편작(遍作), 준비(準備), 예비수행(豫備修行).

8 뿝바낏짜(pubbakicca) : [nt.] preliminary function. 예비적인 기능.

첫째, 본인부터 시작해야 됩니다. 어떻게 하는가?

1) '내가 건강하고 싶다.' '내가 행복하고 싶다.' '내가 위험 없으면 좋겠다.' '내가 일이 잘되기를 바란다.' 이렇게 나를 우선 대상으로 하여 수행을 시작합니다.

2) 다음으로 '내가 건강하기를 바라는 것처럼 모든 존재들도 건강하기를 바라고, 내가 행복하기를 바라는 것처럼 모든 존재들이 행복하기를 바라고, 내가 위험 없기를 바라는 것처럼 모든 존재들이 위험 없기를 바랍니다. 내가 모든 일이 잘되기를 바라는 것과 마찬가지로 모든 존재들도 잘되기를 바랍니다.'

이렇게 '나와 마찬가지로 모든 존재들이 건강하고 행복하고 위험 없기를! 그리고 모든 일이 잘되기를!'이라고 자애를 베풉니다. 이때 대상을 정하지 않고 통틀어서 하는 방법이 있고 또 특정한 대상을 정해서 하는 방법도 있습니다. 두 가지 중 처음에는 대상을 정하여 특정한 대상을 두고 자애를 베풀다가 점차적으로 대상을 넓혀 나가는 것이 더 좋고 힘이 있습니다.

둘째, 내가 존경하고 가치 있게 생각하는 사람을 자애의 대상으로 하는 것이 좋습니다. 이렇게 함으로써 내가 선택한 자애의 대상이 나의 마음에 탐욕, 성냄, 자만, 질투, 시기를 일으키지 않게 합니다.

셋째, 내가 보통 정도 사랑하는 사람들을 대상으로 자애를 보냅니다.

넷째, 별로 관심을 두지 않는 무덤덤한, 중간 정도인 일반 사람들을 선택하여 자애를 보냅니다.

다섯째, 이처럼 단계적으로 자애를 키워 나가 자애가 힘을 가질 때, 진짜 자애가 마음속에서 저절로 터져 나올 때가 있습니다. 그때 비로소 내가 미워하는 사람이나 원수에게 자애를 베풀 수 있습니다.

태국 사람들은 그들의 왕을 매우 사랑합니다. 태국 사람들은 왕을 보살처럼 생각하기 때문에 왕을 수행 대상으로 시작하면 자애수행이 잘된다고 합니다. 이 이야기를 하는 것은 어떤 사람을 선택하면 좋은지 예를 보여 주고 싶어서 하는 말입니다. 대부분 태국 국민들이 자기 나라 왕을 좋아하는 이유가 여러 가지 있겠지만 태국 왕이 국민들의 이익을 많이 챙겨주기 때문에 좋아하겠지요? 그래서 태국 국민들이 왕을 대상으로 자애를 베풀 때 자애가 쉽게 생기고, 왕을 미워하지 않고, 왕을 통해서 탐욕 같은 좋지 않은 번뇌들이 일어나지 않기 때문에 태국 사람들은 왕을 수행 대상으로 시작해서 자애수행을 많이 합니다.

여러분들이 좀 더 이해하기 쉽도록, 존경하는 사람을 자애 대상으로 맨 먼저 선택해야 하는 이유를 예로 들어 보았습니다.

지금 법문을 듣고 계시는 여러분에게도 은혜로운 분들과 존경하는 분들이 많이 있을 겁니다. 여러분을 가르치고 도와주고 조언해 주는 사람이 스승일 수도 있고, 친구나 형제일 수도, 부모일 수도 있습니다. 어떤 분이건 상관없이 여러분이 존경하고 은혜 깊다고 생각하는 사람을 선택해서 시작하면 자애수행이 쉽게 될 것입니다.

어떤 사람에게 자애를 보낼 때 그 사람의 얼굴을 정확히 떠올려서 자애를 보내야 된다고 하는데, 그렇지 않습니다. 자애를 보낼 사람의 외모나 얼굴을 기억하는 것이 아니라 그 사람의 은혜, 그 사람이 나와 맺었던 관계, 그 사람의 공덕을 생각하면서 자애를 보내야 합니다. 왜 그렇게 말하는가 하면 이 『자애경』 원문에 이런 구절이 있습니다.

'Diṭṭhā vā yeva adiṭṭhā ye va'
(딧타 와 예와 아딧타 예 와)
보았든, 보지 못했든

여기서 보았던 것과 보지 못한 것이라고 말할 때, 우리가 볼 수 있는 것은 별로 없고 보았던 것도 별로 없습니다. 볼 수 없는 것과 보지 못한 것이 더 많습니다. 볼 수 있고 보았던 얼굴만을 생각해서 자애수행을 한다면 그것은 한계가 있습니다. 그래서 본 것이나 보지 못한 것이나 상관없이 그 사람의 은혜나 공덕을, 그 사람이 가지고 있는 좋은 점을 생각하고 또는 한계 없이 모든 존재들을 생각해서 자애수행하는 것이 마땅합니다.

우리의 삶을 생각해 보세요. 우리가 본 존재와 보지 못한 존재 중에 어느 것이 더 많나요? 보지 못한 존재가 더 많습니다. 예를 들어 스님도 지금 한국에 와서 여러분을 처음 봤지요? 이처럼 보지 못했다고 자애를 보낼 수 없다면 안 됩니다. 다시 말해서 모든 존재들이 잘되고 행복하기를 바라는 마음이 자애입니다.

2) 자애수행할 때 대상으로 삼지 말아야 하는 것

『청정도론』에 따르면 자애수행을 시작할 때 수행의 대상으로 삼지 말아야 하는 것들이 있습니다.

첫째, 처음부터 남자는 여자를 대상으로, 여자는 남자를 대상으로 자애를 보내면 안 됩니다. 그렇게 하면 자애보다 이성간의 욕망이 생길 수 있기 때문입니다.

둘째, 죽은 사람을 자애의 대상으로 하지 않습니다. 앞서 말했던 '아노디사'로 일체 존재들을 대상으로 할 때에는 괜찮은데, '오디사'로 특정한 대상을 정해서 하면 죽은 사람이 지금 어디에 태어났는지 확실히 모르므로 정확한 대상을 잡을 수 없습니다. 그렇게 되면 마음의 힘이 약해서 자애수행이 잘 되지 않습니다. 그래서 죽은 사람을 대상으로 하지 않습니다.

셋째, 적이나 원수를 자애 대상으로 시작하지 말아야 합니다. 등지거나 맞서는 사람으로 자애수행을 시작하면 안 됩니다.

넷째, 내가 매우 좋아하고 애착이 많이 가는 사람으로 자애수행을 시작하면 안 됩니다.

다섯째, 중간 즉 내가 별로 관심이 없는 사람으로도 자애수행을 시작해서는 안 됩니다.

요컨대 너무 미워하는 사람, 너무 좋아하는 사람, 너무 무관심한 사람을 대상으로 자애수행을 시작하지 말아야 합니다.

3) 자애수행하는 구체적 방법

자애수행 방법이 두 가지가 있는데, 첫째는 '위험 없기를!' '나쁜 일이 없기를!'이라고 하면서 일반적인 선업이 되게끔 하는 방법이고, 둘째는 본인의 마음이 본삼매라는 선정에 이르는 방법입니다.

(1) 일반적인 방법

부처님께서는 『자애경』에서 행주좌와, 언제 어디서나 자애수행을 할 수 있다고 가르치셨습니다. 수행자들은 보통 경행을 하거나 좌선을 많이 합니다. 또 생활수행이라고 하여 일상을 관찰하는 수행을 하기도 합니다. 생활수행은 몸의 크고 작은 모든 동작을 집중하여 관찰하는 것을 말하는데 그것을 '분명하고 확실한 알아차림'[9]이라고 합니다.

이렇게 세 가지 수행 중에서 경행과 생활수행을 할 때는 특정한 대상을 정하지 않고 '모든 존재들이 건강하고 행복하고 평화롭고 하시는 모든 일들이 잘 되기를!' 이런 식으로 전체적으로 하는 '아노디사' 방식을 선택하는 것이 좋습니다. 그리고 좌선할 때는 집중이 잘 되므로 특정대상을 정해서 하는 '오디사' 방식으로 자애수행하는 것이 더 좋습니다.

그래서 좌선할 때 2분 정도, '내가 건강하기를!' '내가 행복하기를!' '내가 위험 없기를!' '내가 하는 모든 일이 잘 풀리고 잘되기

---

9 삼빠자-나빱방(Sampajānapabbam) : 분명하고 확실한 알아차림 장(대념처경).

를.' 이렇게 나를 대상으로 집중적으로 자애를 보냅니다. 그 다음에 내가 존경하고, 내가 소중하다고 생각하는, 나의 모범이 되는 사람 네다섯 명을 선택하여 한 사람 한 사람에게 자애를 베풉니다. 이렇게 나에게 은혜가 있고, 그 사람의 계·정·혜가 높고, 이런 공덕이 있다고 여겨지는 사람에게 자애를 보냅니다. 그분을 소중하고 존경스럽게 생각하면서, '그 사람이 건강하고 행복하고 평화롭고 위험 없기를!' '그 사람이 하는 모든 일이 잘 풀리고 잘되기를!'이라는 자애마음을 베풀면 자애수행이 잘 됩니다.

이렇게 네다섯 명 정도 선택한 분들에게 자애를 보내는데, 그중 자애의 마음이 잘 생길 것 같은 사람을 먼저 선택하여 그에게 집중적으로 자애를 베풉니다. 자애를 베풀고, 베풀면 마음에서 진심이 우러나오는 것을 스스로 알 수 있습니다. 또 그때 마음이 기쁘고 편안해집니다. 그리고 진짜 그 사람이 잘되기를 간절히 바라는 마음이 일어나면서 온몸에 희열이 느껴지는데, 그렇게 되면 자애수행이 매우 잘 되는 것입니다. 만일 그렇게 되지 않으면 5분 정도 집중적으로 더 해봅니다.

그래도 안 된다면 그 네다섯 명 중 다른 사람으로 바꿔서 해봅니다. 두 번째 사람에게 5분 정도 '건강하고 행복하고 위험이 없기를! 모든 일이 잘 풀리기를! 모든 일이 잘되기를!'이라고 자애를 보내는데 그때도 별로 잘 안되면, 세 번째 사람에게 이렇게 다시 자애를 보냅니다. 마찬가지로 세 번째 사람에게도 안되면 네 번째 사람에게, 네 번째 사람도 안되면 다섯 번째 사람까지, 그렇게 5분이나 5분 이상 각각 자애를 베풀어 봅니다. 그렇게 해보고 그래도 안되면 다시 대상을 바꾸는 식으로 해봐야 합니다.

그렇게 다섯 번 정도 해보고 그 다섯 분들 중에서 나에게서 자애마음이 제일 많이 나오는 사람부터 자애수행을 시작합니다. 그 다음에 두 번째로 나오는 사람에게 해보고, 이런 식으로 힘을 연결시키면서 자애수행을 합니다.

예를 들어 1, 2, 3, 4, 5번 중에 3번이 잘된다면 3번을 먼저 하고 3번을 많이 하다가 자애가 잘될 때, 3번 다음에 1번이 잘될 것 같으면 1번에게 다시 하고, 그 다음에 4번이 잘될 것 같으면 4번에게…… 그런 식으로 잘되는 대상을 집중적으로 하다가 거기서 생기는 자애의 힘을 이어받아서 다음 사람으로 연결하는 그런 방법으로 해야 합니다.

여기서 중요한 것이 있는데 존경하고 소중한 대상을 생각한다고 해서 내 남편이나 부인을 대상으로 시작하면 안 됩니다. 남편이나 부인은 사실은 자애의 대상이기보다 욕심의 대상입니다. 남편이나 부인을 대상으로 수행하면 자애가 되기보다 욕심이 될 수 있습니다.

자애수행의 대상을 선택할 때에는 나에게 욕심이 생기지 않는 대상이어야 하고, 성냄이 생기지 않는 대상이어야 합니다. 그렇게 욕심과 성냄이라는 두 가지를 피할 수 있으면, 내가 존경하고 소중하게 생각하는 분들을 대상으로 시작하면 됩니다.

이렇게 내가 선택한 자애 대상을 목적으로 두고 그분이 잘되기를 바라는 자애마음이 생기면 그 마음을 지속적으로 끊임없이 반복하여 더 많이 모아서 쌓고 키우는 것이 자애수행입니다.

(2) 사마타(Samatha)[10] 방법

여러분들이 자애수행을 하다 보면 틀림없이 겪는 일이, 자애수행 대상에 마음을 항상 집중할 수는 없다는 것입니다. 시간이 조금만 지나면 딴생각을 하면서 다른 대상으로 마음이 가 버립니다. 그러면 도망가는 마음을 잡아서 바로 원래 선택했던 수행 대상으로 다시 보내야 합니다. 그것이 사마타 방법입니다.

처음 시작할 때는 누구나 똑같이 산만합니다. 마음을 집중해서 대상 하나에 모을 수 없고 계속 딴생각을 하고 다른 대상으로 가는데, 갈 때마다 그 마음을 다시 잡아서 원래 선택했던 수행 대상으로 보내야 합니다. 그것이 사마타 수행 방법인데 이렇게 훈련하면서 자애의 마음을 길러 나가야 합니다.

자애를 베풀 때 문장을 길게 할 필요는 없습니다. 아주 간략하게 핵심만 말하면 됩니다. 그 사람에 대한 이해와 그 사람의 공덕을 빨리 내 마음이 숙지할 수 있게끔 하는 것이 중요합니다. 자애수행을 하는 것은 마음의 일이기 때문에 그냥 문장과 말로 끝나는 것이 아닙니다. 진실한 마음으로 그 사람의 잘되기를 바라는 마음이 생겨야 됩니다.

예를 들어 "모든 존재들에게 위험 없기를!"이라고 말로 하긴 하는데, 실제로 마음과 일치하지 않으면 자애가 되지 않습니다. 자애는 마음의 일이기 때문에 말과 마음이 똑같이 일치해야 합니다.

10 사마타(Samatha) : 한 가지 대상에 마음을 고정시켜 집중하는 수행법이다. 사마타 수행으로 삼매을 얻어 8선정을 개발할 수 있다. 그러나 이 수행법으로는 도/과의 깨달음까지는 도달할 수 없다.

‘와찌-깜마(vaci-kamma)’는 입으로 지은 업입니다. ‘모든 존재들이 위험 없기를!’이라고 말하면 입으로 지은 업은 선업이 되겠지만, 마음으로 미워하고 싫어하면 마음으로 지은 업은 선업이 되지 않기 때문에 자애수행이 될 수가 없습니다.

그렇게 수행하다가 10분이나 20분이 지나면 몸에 통증이 일어날 수 있습니다. 다리가 아프고 저리면 억지로 그 자세를 지킬 필요는 없습니다. 자세를 바꿀 수가 있는데 이때 사마타 수행자는 자세를 바꾸어도 자신이 선택했던 자애의 대상을 놓치지 말아야 합니다. 다시 말하면 몸의 자세를 바꾸더라도 바꾸는 자세를 따라가서 관찰하지 말아야 합니다. 아플 때도 통증을 관찰하지 말고 오로지 자애의 대상만 챙깁니다. 한 시간 좌선하면서 자애를 수행하고 있는 사람은 한 시간 안에 두세 번 자세를 바꿀 수 있지만 어떻게 자세를 바꾸어도 마음은 오로지 자애의 대상에 집중하여 자애로운 마음을 키워야 합니다.

앉아 있든, 걸어가고 있든, 다른 행동을 하든 상관없이 자애수행자는 매 순간 모든 존재를 대상으로 가지고 해야 하고, 모든 존재가 건강하고 행복하고 평화롭고 위험 없고 모든 일이 잘 풀리고 잘되기를 바라는 자애마음을 키워야 합니다. 그리고 매 순간 그 마음을 이어서 지속적으로 할 수 있게끔 노력해야 합니다. 그렇게 하는 것이 자애수행입니다.

처음 시작할 때는 어쩔 수 없이 마음이 산만해서 다른 대상으로 갈 수 있겠지만 갈 때마다 계속 그 마음을 끌어와서 다시 자애의 대상으로 집중합니다. 그렇게 훈련하다 보면 어느 순간부터 집중이 잘되고, 집중이 잘되면 그 대상에서만 자애의 마음이 계속 일어날 수 있습니다. 그렇게 되면 선정에 들 수 있습니다. 이것이 사마타 방식의 자애수행입니다. 선정(jhāna자나)이라는 원어의 뜻은 마음이 대상 하나에만 몰입해서 집중적으로 거기에 가 있는 것입니다.

(3) 위빳사나(Vipassanā)[11] 방법

선정을 이룬 다음에 다시 선정에서 나와서 몸에 있는 사실들이 무상하고 고통이고 무아라고 관찰하는 것이 위빳사나 수행입니다. 하나의 선정 대상에서 다시 몸과 마음으로 대상을 바꾸어서, 다시 말해 오온의 생멸을 대상으로 관찰하는 것이 통찰수행인 위빳사나 수행입니다.

자애수행으로 선정까지 갈 수 있는데 그것은 사마타 수행이고, 그 선정에서 생긴 집중의 힘으로 다시 이 몸과 마음을 관찰하면 그것은 위빳사나 수행입니다. 위빳사나 수행으로 이 마음에 있는 모든 번뇌를 제거하여 도와 과를 깨달으면 해탈(nibbāna닙바-나)을 성취하게 됩니다.

자애수행법에는 그냥 '위험 없기를! 건강하기를!'이라고 하면서 일반 선업만 되게끔 하는 방법이 있고, 또 선정으로 본삼매까지 일으키는 사마타 방법도 있으며, 거기서 더 나아가 도와 과, 해탈까지도 이어서 할 수 있는 위빳사나 수행 방법도 있습니다.

자애수행할 때 반드시 선정에 들어가야 한다는 목표를 두지 않는다면 일반적으로 해도 큰 문제는 없습니다. 그냥 남자건, 여자

---

11 위빳사나(Vipassanā) : Vi(여러 가지를-무상·고·무아를, 특별하게-해체해서, 꿰뚫어서) + passanā(본다).

건, 어떤 대상이건 그 대상을 통해서 나에게 자애가 생기면 된다고 할 수 있습니다. 앞서 말했듯이 수행의 대상은 원인이고 그 원인을 통해서 자애가 생기면 그것이 좋은 결과입니다. 자애가 반복적으로 생기면 그 사람의 마음은 맑고 깨끗하고 기쁩니다. 그렇게 되면 자애의 영향력으로 그 사람의 얼굴은 맑고 깨끗하고 항상 미소 짓는 사람이 될 수 있습니다.

미얀마는 매우 더운 나라인데 이 자애를 10일이나 15일 정도 집중적으로 수행하고 나면 그 수행자는 아무리 더워도 몸과 마음이 시원하다고 합니다. 샤워할 때의 느낌처럼 몸에 아주 시원한 느낌이 있는 수행자들이 많습니다. 그래서 미얀마에는 '제일 더운 것이 번뇌이고 제일 시원한 것이 자애이다.'라는 속담이 있습니다.

부처님께서는 『자애경』에서 '행주좌와' 네 가지 자세에서 언제 어디서나 모든 존재들이 행복하기를, 잘되기를 바라는 자애의 마음으로 수행하고 있는 사람을 '범천의 삶을 살고 있는 사람'이라고, 모든 성자들이 칭찬한다고 말씀하셨습니다. 범천의 세계에 살고 있는 모든 범천들은 사무량심으로 평생을 살기 때문입니다. 그래서 인간으로 태어나 인간으로 살지만 행주좌와에서 매 순간 자애의 마음을 일으키는 사람은 범천의 삶을 사는 사람이라고 합니다.

우리 수행자 여러분들도 인간으로 태어나서 범천이 되고 싶지요? 그렇다면 부처님 말씀대로 자애가 항상 일어나게끔 노력하세요. 그러면 인간으로 태어나서 바로 범천이 되는 것입니다.

4) 자애수행 실습

이제 자애수행을 실제로 해보도록 하겠습니다.

처음에는 내가 존경하고 소중하게 생각하는 사람을 생각하면서 5분에서 10분 정도 수행하도록 하겠습니다.

먼저 눈을 감고 자연스럽게 편안한 자세로 앉으십시오. 편안하게 앉으시고 자애의 대상을 떠올리세요. 자애의 대상은 내가 존경하는 소중한 사람부터 시작하겠습니다.

존경하는 그분이 "건강하기를! 행복하기를! 위험 없기를! 편안하기를! 하시는 모든 일들이 잘 풀리고 잘되기를!"이라고 하면서 자애마음을 보냅니다.

이 자애수행법은 『자애경』에서 11가지 방법을 설하고 있고 또 『청정도론』에서는 528 자애 대상[12]으로 더 구체적인 방법을 설하고 있습니다. 지금 스님이 가르치는 것은 대략적으로 자애의 마음을 키우는 기본적인 수행법입니다.

부처님의 일대기를 보면 부처님을 반대하는 사람을 이기는 '8가지 이김'[13]이라는 이야기가 나오는데 그 '8가지 이김'도 마찬가지

---

12 528 자애 대상 - 『청정도론』(대림스님 옮김) 2권 p. 166, 58단락 참고.

13 8가지 이김 - ① 가리메킬라 이야기 : 마라의 군대를 물리침 ②알라바까 이야기 : 알라바까 야차를 제도하고 교화함 ③ 코끼리 날라기리 이야기 : 술 취한 사나운 코끼리를 길들임 ④ 앙굴리말라 이야기 : 살인강도 앙굴리말라를 제도하고 교화함 ⑤ 찐짜 이야기 : 거짓 임신으로 부처님을 모함한 찐짜 유행녀를 자애로 이김 ⑥ 쌋짜까 이야기 : 자이나교도 쌋짜까와의 논쟁에서 이김 ⑦ 난도빠난다 이야기 : 흉포한 난도빠난다 용왕을 부처님께서 목갈라나 존자를 보내 물리치게 하심 ⑧ 바까 이야기 : 바까 범천의 사견을 바로잡아 주심(출처 : 『예경지송』/전재성 편역, 한국빠알리성전협회, p. 26~32).

로 이 자애로 이겨낸 것입니다.

오늘은 여기까지 하고 법문을 마치도록 하겠습니다. 법문을 들으시는 모든 수행자들이 몸도 건강하고 마음도 행복하고 모든 소원이 이루어지고, 모든 고통에서 벗어나 닙바나를 성취하기를 기원합니다.

사-두! 사-두! 사-두!

【둘째 날 법문】

1. 자애의 힘

자애수행은 사마타 수행으로서 일곱 가지 선법 중 하나입니다. 일곱 가지 선법은, 1) 보시(dāna다나), 2) 계율(sīla실라), 3) 삼매(samatha사마타), 4) 통찰지(vipassanā위빳사나), 5) 도(magga막가), 6) 과(phala팔라), 7) 해탈(nibāna닙바-나)입니다.

자애는 항상 있습니다. 다만 항상 있다고 해도 자애의 힘을 꺼내 쓰지 않으면 모른다고 할 수 있습니다. 모든 법을 올바르게 스스로 깨달으신 삼마삼붓다라는 부처님들께서는 이 세상에 오실 때 이 자애의 힘과 에너지를 잘 알고 사용하셨고 다른 사람들도 알고 쓸 수 있게끔 가르치셨습니다.

법에는 '담마(dhamma)'와 '아담마(adhamma)'가 있습니다. 담마는 올바른 법이고 아담마는 올바르지 않은 법입니다. 이 올바른 법에서 올바른 힘이 나오고, 올바르지 않은 법에서는 올바르지 않은 힘이 나옵니다. 그렇게 올바른 법과 올바르지 않은 법에 힘이 있다고 보면 올바른 법이 원인이고 거기서 나오는 힘은 결과입니다. 마찬가지로 올바르지 않은 법이 원인이고 거기서 나오는 힘이 결과입니다. 그렇게 원인과 결과가 됩니다.

우리가 말하고 있는 이야기 주제인 자애는 올바른 법에 속합니다. 그 올바른 법의 힘과 에너지가 있는데 그것을 모르기 때문에 그 올바른 법의 힘을 우리가 가지지도 못하고 쓰지도 못하고 있습니다.

모든 자연의 법에는 각각 갖고 있는 본성이나 특징, 본인만의 재능이 있습니다. 예를 들어 여러분들 중 어떤 분은 요리를 잘하고 어떤 분은 운전을 잘하고 어떤 분은 옷을 잘 만듭니다. 그렇게 저마다 자기만의 솜씨와 힘이 있는 것처럼 모든 법도 자기의 힘이 있습니다. 자애도 마찬가지로 자기만의 본질적인 힘이 있습니다. 부처님께서는 그 자애의 힘을 잘 아셨기 때문에 45년 내내 인간과 신과 범천들을 가르칠 때 자애의 힘을 많이 사용하셨습니다. 지금 법문을 들으시는 분들도 자애의 힘을 잘 알고 쓸 줄 안다면 자애의 덕을 톡톡히 볼 것입니다.

미얀마에는 "의도가 있어야 살아 있는 맛이 있다."라는 말과 "무슨 일을 하든지 자애가 있어야 잘된다."라는 말을 자주 사용합니다. '의도가 있어야 살아 있는 맛이 있다.'라는 말은 무슨 의미일까요? 어떤 사람이 일을 할 때 진정한 마음으로 열심히 하지 않고 대충대충 하고 있으면 다른 사람이 봐도 별로 열심히 안 하기 때문에, 확실하게 안 하기 때문에, 진지하게 안 하기 때문에, 살아 있는 사람이 일하는 것 같지 않고 죽은 사람이 일하는 것 같다는 말입니다. 일을 할 때 확실하게, 열심히, 진정한 마음으로 해야 합니다. 그렇게 해야 그 의도가 선업이 되어 좋은 공덕을 받을 수 있습니다. 그래서 의도가 있어야 살아 있는 맛이 난다고 말합니다.

우리는 아침에 잠에서 깨어날 때부터 밤에 잠들 때까지 계속 일을 하면서 업을 짓고 있습니다. 업을 깜마(kamma)라고 하지요? 몸으로 지은 업을 '까야 깜마(kāya kamma)'라고 하고, 입으로 지은 업을 '와찌 깜마(vaci kamma)'라고 하고, 마음으로 지은 업을 '마노 깜마(mano kamma)'라고 합니다.

그 업이 결과를 가져오는 업이 있고, 결과를 가져 오지 못하고 그냥 끝나는 업도 있습니다. 우리가 몸으로, 입으로, 마음으로 매 순간 업을 짓는다 해도 의도가 있어야 업이 되고 의도가 없으면 업이 되지 않습니다. 몸으로, 입으로, 마음으로 업을 짓지만 그 업이 결과를 가져오지 않는다면 그것을 '효력을 상실한 업(ahosi kamma아호시 깜마)'이라고 합니다.

그래서 하는 김에 좋은 의도를 가지고 해야 합니다. 몸으로, 입으로, 마음으로 하긴 하는데 좋은 의도가 없으면 선업이 되지 않고 좋은 공덕의 결과를 보지 못하기 때문에, 하는 김에 뭐든지 좋은 의도를 가지고 잘하면 좋겠다는 것입니다. 경전에 보면

Cetanāhaṃ, bhikkhave, kammaṃ vadāmi[14]
(쩨따나항 빅카웨 깜망 와다미)
비구들이여, 나 여래는 의도가 업이라고 말한다.

부처님께서는 의도가 곧 업이라고 말씀하셨습니다. 그래서 현

14 "Cetanāhaṃ, bhikkhave, kammaṃ vadāmi ; Cetayitvā kammaṃ karoti kāyena vācāya manasā"ti(비구들이여, 나 여래는 의도를 업이라고 말한다.) - 즉 몸으로, 입으로, 마음으로 의도된 업을 짓는다. : cetanā-의도. āhaṃ-여래. bhikkhave-비구들이여. kamma-업. vadāmi-말한다. cetayitvā-의도된. karoti-행하다, 실천하다. kāyena-몸으로. vācāya-입으로. manasā-마음으로.

재 열심히 신나게 하는 것이 의도이고, 그렇게 해낸 일이 업입니다. 이렇게 말할 때 그 의도와 업의 차이가 무엇인가라는 질문을 할 수 있습니다.

"뻴로스웨마 쩨따나 삐라 깜마"[15]라는 말이 있습니다. 즉 일을 하고 있을 때가 현재의 의도이고, 그 일이 끝나면 업이 된다는 뜻입니다. 요컨대 우리는 매순간 일을 하며 업을 짓는데, 일을 할 때 의도를 가지고 열심히 해야 그 업이 결과를 가질 수 있는 힘을 갖게 되니 뭐든지 하려면 좋은 의도를 가지고 열심히 하라는 말입니다.

마찬가지로 모든 일이 잘되려면 자애가 있어야 합니다. 그래서 무엇을 하든 항상 자애마음으로 해야 합니다. 자애마음은 모든 사람들의 행복과 이익을 챙기는 마음인데 그런 마음으로 한다면 모든 일이 다 잘 될 것입니다.

여기서 자애가 무엇인가요? 자애는 모든 존재들이 잘되고 행복하고 건강하고 위험 없기를 바라는 것이라고 했습니다. 그렇게 남이 잘되기를 바라는 것이 자애이므로 지금 일할 때 자애를 가지고 하라는 말입니다.

자애 수행자는 이 수행 자체가 나를 위해서가 아니고 남을 위해서 하는 것임을 알아야 합니다. 남을 대상으로 그가 잘되고 건강하고 행복하고 위험 없고 평화롭기를 바라면서 하는 것이 자애 수행입니다.

그러나 그렇게 함으로써, 자애수행의 결과는 자기 자신에게 돌

15 뻴로스웨마 쩨따나 삐라 깜마 : 뻴로스웨마-지금 하고 있는 것이. 쩨따나-의도이다. 삐라-하는 것이 끝나면. 깜마-업이다.

아옵니다. 잘 생각해 보세요. 자애를 베푸는 사람은 '모든 존재들이 잘 되기를! 건강하기를! 행복하기를! 평화롭기를! 위험 없기를!'이라고 남을 위해서 마음을 쓰지만 실질적으로 그 과보를 받는 것은 자기 자신입니다. 부처님의 가르침에 다음과 같은 말이 있습니다.

Paraṃ rakkhanto attānaṃ rakkhati.[16]
(빠랑 락칸또 앗따-낭 락카띠)
남을 챙기는 것이 나 스스로를 챙기는 것이다.

남을 보호하고 챙기는 것은 그것이 바로 스스로를 챙기게 되는 것이라는 말입니다. 이 말도 비슷한 말입니다.

자애수행의 방법은 11가지가 있습니다. 또 『청정도론』에 보면 528가지 자애수행법이 있는데, 이 숫자는 자애수행의 대상을 말합니다. 이 두 가지 외에 행주좌와와 세밀한 동작에도 항상 내 마음을 남에게 두면서 살려고 해야 하는데 그때 중요한 것이 사띠(sati)입니다. 사띠(sati)는 잊지 않음, 알아차림입니다. 사마타 수행이든 위빳사나 수행이든, 수행자들에게 가장 중요한 것은 사띠입니다. 수행의 핵심이 사띠입니다. 이 사띠만 있으면 행주좌와, 즉 언제 어디서나 항상 모든 존재들의 행복을 바라는 마음이 있게끔 할 수 있습니다.

"따야에 아초까 사띠, 사가에 아초까 까띠"라는 미얀마 속담이

---

16 Paraṃ rakkhanto attānaṃ rakkhati. : Paraṃ-남을. rakkhanto-보호하면. 즉 남을 챙기면. attānaṃ-본인을. rakkhati-보호하고 챙기게 된다.

있습니다. "법을 수행하는 자에게 핵심은 사띠이고 말의 핵심은 약속이다."라는 말입니다.

법은 사띠로 지켜야 하고, 말은 약속으로 지켜야 합니다. 법의 생명은 사띠이고, 말의 생명은 약속입니다. 하루 종일 법을 실천 수행한다 해도 사띠가 없으면 가치가 없고, 하루 종일 말을 해도 약속을 안 지키면 그 말은 아무런 가치가 없습니다.

자애수행을 할 때에도 모든 존재들을 대상으로 하여 항상 '행복하기를! 잘되기를!'이라는 마음을 가지려면 사띠가 중요합니다. 법의 핵심, 수행의 핵심이 사띠라고 하는 것은 사띠가 그만큼 중요하다는 말입니다.

"모든 일이 훈련으로만 완벽할 수 있다."라는 말을 여러분들이 들어본 적 있을 것입니다. 그러면 사띠를 어떻게 훈련해야 하는가? 반복적으로 해야 합니다. 반복적으로 훈련함으로써 완벽해지는 것이지, 다른 길은 없습니다.

세속적인 이야기이지만 미얀마에서는 다음과 같이 이야기합니다.

"책을 잘쓰는 사람이 되고 싶다!"

"그러면 글을 많이 쓰세요."

"말을 잘하는 사람이 되고 싶다!"

"그러면 말을 많이 하세요."

"책을 잘 읽고 싶다!"

"그러면 많이 읽으세요."

"완벽하고 싶다!"

"그러면 거듭거듭 반복해서 하세요."

뭐든지 내가 능숙하게 잘 하려면 그것을 많이 해야 됩니다. 많이 하세요. 원래 스님도 말을 잘 못하고 법문하는 것도 별로 취미가 없었습니다. 그런데 찬메 수행센터에서 찬메 큰스님을 만나게 되었고, 큰스님께서 법문을 자주 시키셔서 법문을 많이 하다 보니 이제는 법문을 좀 할 수 있는 사람이 되었습니다. 여러분들도 작가가 되려면 글을 많이 써 봐야 하고 법사가 되려면 설법을 많이 해 봐야 합니다. 그렇게 많이 하면 됩니다.

자애 수행자들도 항상 마음을 내가 아닌 남에게 두고 모든 존재들이 건강하고 행복하고 평화롭고 위험 없고 잘되기를 바라는 마음을 계속 반복해서 훈련하고 키워야 합니다. 그래야 자애마음을 항상 가지게 됩니다.

그렇게 하다 보면 자애마음이 어느 정도로 완벽해지는가? 이 정도라고, 그렇게 양(量)을 정할 수 없을 정도로 커집니다. 한계가 깨지면서 완전하게 평정한 마음으로 갈 수 있습니다. 그렇게 한량없는 마음이 생깁니다.

한계가 없는 무량의 마음이 무엇인가 하면 '이 사람은 내 딸이다' '내 아들이다' '내 남편이다' '내 부인이다' 이런 마음들이 없어지고 모두가 하나로 보이는 마음입니다. 부처님께서 『자애경』에서 다음과 같이 말씀하셨습니다.

Mettanca sabbalokasmi mānasaṃ bhāvaye aparimāṇaṃ.
(멧딴짜 삽바로까스미 마-나상 바-와에 아빠리마-낭)
온 세상에 무한한 자애를 널리 펼쳐야 한다.

모든 존재들에게 자애를 베풀 때 '아빠리마낭(무량)'으로 자애를 베풀라고 하셨습니다. '아빠리마나(aparimāṇa)'는 무량(無量)이란 말인데, 양(量)을 정하는 한계를 없애고 테두리인 벽을 허물어 버리고 모두가 하나로 나와 일치되는 것을 느끼면서 자애를 베풀라는 말입니다.

'벽이 없어진다' '양(量)이 없어진다'는 말을 조금 더 설명하겠습니다. 네 사람이 숲속을 지나가는데 한 사람은 본인이고, 한 사람은 사랑하는 사람이고, 한 사람은 미워하는 사람이고, 한 사람은 중간 정도로 미워하지도 사랑하지도 않는 사람입니다. 이 네 사람이 깊은 숲속을 지나가다가 산적들에게 잡혔습니다. 그 산적들은 네 사람을 제사의 재물로 쓰려고 하였습니다. 산적들의 수가 400~500명으로 많아서 이 네 사람은 꼼짝없이 잡혀 가게 되었습니다. 산적 두목은 "네 사람 중 한 사람의 목을 잘라 그 피로 산신에게 제사를 올릴 것이다. 그러니 너희들 네 사람 중 제물이 될 한 사람을 정해라."라고 말했습니다.

만일 여러분이 지금 네 사람 중 영향력 있는 사람이라면 나와 사랑하는 사람과 미워하는 사람과 또 사랑하지도 않고 미워하지도 않는 사람 중 누구를 선택하겠습니까? 아마도 미워하는 사람이겠지요?

대부분이 미워하는 사람을 내어 줄 것입니다. 그것이 '양(量)을 벗어나지 못한다' '벽을 깨지 못한다'는 의미입니다. '이 사람은 내가 미워하는 사람이기 때문에 죽어도 좋다.' 이런 식으로 마음이 분별하고 있습니다. 그런 마음을 '양(量)이 있다' '한계가 있다'고 합니다.

자애수행을 잘하는 수행자는 그런 양(量)을 다 깨고 '모두가 하나'라는 그런 경지에 갈 수 있습니다. 그 정도로 자애가 완벽하면 미워하는 사람이라도 죽게 내어 줄 수가 없습니다. 미워하는 사람도 행복을 바라고 죽음을 싫어하고 죽고 싶지 않다는 것을 잘 알기 때문입니다. 또 미워하지도 사랑하지도 않는 사람도 나와 마찬가지로 행복을 바라고 고통과 죽음을 바라지 않기 때문에 내어 주지 못합니다. 나도 죽음을 싫어하기 때문에 내어 주지 못하고 마찬가지로 내가 사랑하는 사람도 내어 주지 못합니다. 나를 내어 주겠다고 하면 그것도 양(量)이 있는 마음입니다. 이렇게 네 사람에 대해서 똑같이 진정한 마음으로 하나로 생각할 수 있다면 자애수행이 완벽한 것입니다.

그러면 법문을 들으시는 수행자분들이 이렇게 질문할 수 있습니다. "스님 그것이 가능할까요?" 앞에서 이미 말했습니다. 수행은 연습과 훈련입니다. 훈련해야 합니다. 자주 반복하고 많이 하면 됩니다. 우리가 안 해서 안 되는 것입니다. 하면 됩니다.

그런데 왜 안 할까요? 게을러서 그렇습니다. 공짜로 갖고 싶어하기 때문입니다. 우리는 공짜를 좋아하지요? 수행하는 것도 마찬가지로, "수행하라. 수행하라." 하면 하기 싫어하면서 깨달음은 다 얻고 싶어 합니다. 무엇이든지 스스로 확실하고 착실하게 노력하면 이루어지게 됩니다.

'자애가 있어야 잘된다'와 관련된 이야기를 하나 하겠습니다. 연세 많으신 할아버지 세 분이 외출을 나갈 때 서로 약속을 하였습니다. "누가 식사에 초청하면 우리 셋이 한꺼번에 다 가면 안 된다. 셋 다 초청하더라도 다 가는 것은 눈치 없는 짓이다."라고 말입니다. 대접하는 사람들에게 미안한 마음이 있어서, 그들은 주인이 세 사람을 다 초청하더라도 한 사람만 가기로 이렇게 약속하고 외출을 했습니다. 한참 가다가 어떤 집 마당 앞 벤치에 앉아 잠깐 쉬었습니다. 할아버지 세 분이 새벽 5시쯤 출발했다면 그 집 앞에 앉아 있을 때는 6시 조금 전이었습니다.

아침 6시쯤 그 집 가족들이 일어났습니다. 부인이 문을 열고 집 앞에 앉아 계신 할아버지 세 분을 보았습니다. 부인은 착하고 자애가 있었습니다. 할아버지들께 다가가서 물었습니다.

"할아버지, 여기에 얼마나 앉아 계셨어요?"

"30분 정도 되었소."

"아침 식사는 하셨습니까?"

"아직 하지 않았소."

"그러면 집안으로 들어오셔서 뭐 좀 드십시오."

할아버지들이 다시 물어봅니다.

"집에 남편이 있소?"

"남편은 일하러 나갔습니다."

"남편도 없는데 우리가 들어가면 되겠소? 들어가지 않겠소."

그래서 부인은 다시 집안으로 들어가서 빨래하고 청소하면서 자기 일을 다 하였습니다. 11시쯤 되니까 남편이 돌아왔습니다.

남편이 부인에게 물었습니다.

"내가 집에 들어오다 보니까 집 앞에 할아버지 세 분이 앉아 계시던데 언제부터 앉아 계셨지요?"

"아침부터 앉아 계셨어요."

"어! 그렇다면 아무것도 못 드셨겠네! 어서 가서 모셔오시오."

이렇게 남편이 시켰습니다. 그래서 부인이 다시 가서 할아버지들을 초청했습니다.

"할아버지들께서 아침 6시부터 앉아 계셨는데, 지금 12시입니다. 배가 많이 고프실 것이니 집안으로 들어오셔서 음식을 좀 드십시오."

그러자 할아버지들은 다음과 같이 말씀하셨습니다.

"아침에 우리가 집에서 나올 때 약속을 했는데, 누구든 초청하면 우리 셋이 다 들어가지 않고 한 명만 들어가기로 했소. 그러니 당신은 우리 중 누구를 초청하겠소?"

세 분의 할아버지 중 한 사람은 '우 다나(U. dhana)'입니다. 다나(dhana)는 재산이라는 뜻입니다. '우'는 미얀마에서 남자 이름 앞에 붙이는, 말하자면 Mr. 같은 호칭입니다. 다른 한 사람은 '우 자야(U. jaya)'인데 자야(jaya)는 이김, 성공이란 뜻이고, 또 다른 한 사람은 '우 멧따(U. Mettā)'인데 멧따(Mettā)는 자애라는 뜻입니다. 이 세 분 중에 어떤 분을 먼저 모실 것이냐고 물었습니다.

부인은 혼자 결정을 하지 못하고, "집에 가서 남편과 상의하고 다시 오겠습니다."라고 했습니다. 남편과 상의하는데 남편이 부인에게, "당신이 먼저 선택해 보시오. '재산'을 모실까? '성공'을 모실까? '자애'를 모실까?"라고 물었습니다. 부인은 말하기를 "저는 '재산'을 모시겠습니다. 재산이 중요합니다. '다나(재산)'를 모시면 부자가 되어 집이 풍요롭게 됩니다. 그러면 먹고 싶은 것 다 먹고, 좋은 침대에서 자고, 쓰고 싶은 대로 다 쓸 수 있고, 옷도 좋은 것 입으며 잘 살 수 있습니다. 그러니까 '다나(재산)'를 모시겠습니다."라고 했습니다.

다시 부인이 남편에게 물었습니다.

"당신은 어떤 할아버지를 모시고 싶으신가요?"

"나는 '자야(성공)'를 모시고 싶소. 성공하면 당신이 말하는 모든 것을 다 갖추게 되지. 그래서 나는 '자야(성공)'를 모시고자 하오."

우리 수행자들은 '다나(재산)'와 '자야(성공)' 중 누구를 선택하시겠습니까? 여기서 부인은 잘살려고 '다나'를 초청하고자 하고, 남편은 성공하려고 '자야'를 초청하려고 합니다. 여러분도 그렇습니까?

이렇게 남편과 부인이 상의하고 있는데, 며느리가 두 사람의 이야기를 듣고 말하기를, "아버님! 어머님! 저는 '멧따(자애)'를 모시고 싶습니다."

며느리가 '멧따'를 초청하고 싶다고 하니, "너는 왜 '멧따'를 초청하고 싶으냐?" 이렇게 물어보자 며느리는 "아버님! 어머님! 생각해 보십시오. 우리집에 '멧따(자애)'가 있으면 서로서로 이익을 원하고, 서로서로 잘되기를 바라기 때문에 집안이 평화롭습니다. 그러면 얼마나 행복하겠습니까?"

며느리 말을 들으니 맞는 말이었습니다.

"며느리 말이 맞네! 자애가 있으면 서로서로 잘되기를 바란다. 그렇게 되면 집안이 편안하고 평화롭고 행복하겠다. '멧따'를 모시도록 하자!"

맞습니다. 집에 재산이 아무리 많아도 자애가 없고, 서로서로의 이익을 원하는 마음이 없으며, 잘되기를 바라는 마음이 없으면 집안이 빠짝 다 말라 버립니다. '집안이 말랐다'라는 말은 물기가 없고 건조하다는 의미로 불행하다는 말입니다.

그래서 부인이 집 앞에 나가서 할아버지들에게 말했습니다.

"저희는 할아버지들 중에 '멧따'를 초청하겠습니다."

이에 '멧따'가 일어서서 옷매무새를 가다듬고 한 걸음 나오자 '다나(재산)'와 '자야(성공)'도 뒤따라오는 것입니다. 부인이, "어, 할아버지들께서 처음 말씀하실 때 한 사람만 초청을 받는다고 하셨는데 지금은 왜 세 분이 함께 들어오십니까?" 물으니, "우리는 자애가 있어야 잘된다. 자애가 반드시 함께 있어야 한다. 자애가 없으면 우리는 말라 죽는다. 자애가 없으면 안 되므로 우리는 자애를 따라가야 된다."라고 말하는 것입니다.

"자애가 있어야 잘된다."라는 말은 자애가 있어야 하는 일이 성공할 수 있다는 말입니다. 부처님께서는 법문하시면서 법문 듣는 사람들이 법문을 이해하고 그 법에 따라 실천할 수 있기를 바라는 자애마음을 항상 가지고 계셨습니다. 법문을 듣는 이들에게 이익이 있기를 바라고 잘되기를 바라는 자애마음이 있었기 때문에 사람들은 부처님 법문 듣기를 좋아하는 것입니다.

스님도 사실 법문을 잘 할 줄 모릅니다. 법문을 잘하는 편은 아니지만 항상 마음은 '내가 하고 싶은 말을 여러분들이 잘 이해하고, 부처님의 가르침인 법을 이해하고 법을 따라 실천하여 고통에서 벗어나 행복하기를!'이라는 자애를 항상 베풀면서 법문하기 때문에 '법문 잘하십니다.'라는 말을 듣게 됩니다. 스님도 법문할 때 자애가 있어서 잘됩니다.

2. 자애의 특징 네 가지[17]

다음에는 자애의 특징 네 가지를 알아보겠습니다.

1) 자애의 본성(lakkhaṇā)
2) 자애가 하는 일(kicca)
3) 자애의 결과, 나타나는 이미지(paccupaṭṭhāna)
4) 자애의 가까운 원인(padaṭṭhāna)

자애를 이 네 가지로 분석해서 그 특징을 자세히 알아보는 것입니다. pāḷi어에 '사짜리야(sacariya)'는 강사의 자격이란 뜻이고 '담마짜리야(dhammacariyā)'는 법의 스승이란 뜻입니다. 법의 스승이 법문할 때 법을 이 네 가지 특징으로 분석해서 자세히 설명할 수 있어야 강사로서 자격이 있게 됩니다.

1) 자애의 본성(lakkhaṇā락카나)

자애의 본성은 모든 존재들이 행복하고 잘되기를 바라는 마음

---

17 자애의 특징 네 가지(Lakkhaṇādi-catukka락카나디-짜뚝까) : lakkhaṇā-특징. catukka-4가지, 4가지 묶음으로 자애 특징을 알아보는 것. 모든 법의 스승들은 궁극적인 실제 법들의 성질을 분명하게 밝히기 위해서 이 4가지로 나누어서 설명할 수 있어야 한다. 그 4가지는 ① 락카나(lakkhaṇā)-그 법의 본성 혹은 특징. ② 낏짜(kicca)-그 법이 하는 일, 해내는 역할을 말한다. ③ 빳쭈빳타나(paccupaṭṭhāna)-그 법의 결과로서 체험 속에 나타나는 자애의 이미지. ④ 빠닷타나(padaṭṭhāna)-그 법이 의지하는 가까운 원인, 즉 그 법의 주요한 조건들을 말한다.

입니다.

2) 자애가 하는 일(kicca낏짜)

모든 사람들이 먹고 살기 위해서 일을 해야 하듯이 자애도 일을 해야 합니다. 예를 들면 스님들도 스님들이 해야 하는 일을 해야 하고, 재가자들도 재가에서 해야 하는 일을 해야 하고, 동물들도 먹고 살기 위해서 해야 하는 일을 해야 합니다.

그렇다면 자애는 무슨 일을 하는가? 자애는 다른 사람의 행복을 위해서 몸으로 일을 합니다. 예를 들어 길을 가다가 노인이 제대로 걷지 못하면 옆에서 도와주거나 넘어지면 일으켜 세워 주고, 그렇게 힘든 사람을 볼 때 지나치지 않고 도와주는 것을 말합니다. 자애를 몸으로 행하는 것이지요. 그것을 '까야깜마 멧따(kāyakamma mettā, 몸으로 하는 자애)'라고 합니다.

그리고 자애는 또한 입으로도 일을 합니다. 예를 들어 길을 가다가 어떤 사람이 개똥을 밟으려고 하면 "거기 개똥이 있으니 조심하세요." 또 길을 가다가 가시가 있으면 "가시가 있으니 조심하세요."라고 말해 줍니다. 이렇게 입으로 말해 주고 그 사람이 잘 되기를 바랍니다. 그 사람이 '다칠까 봐' '안 좋은 일이 생길까 봐' '고생할까 봐' 말해 주는 것이 자애를 입으로 행하는 것입니다.

우리가 일을 할 때 방법을 알아서 일을 잘하는 사람이 있고, 그 방법을 몰라서 못하는 사람도 있습니다. 그러면 방법을 잘 아는 사람이 모르는 사람에게 말해 주고 가르쳐 줍니다. 이것 역시 잘 되기를 바라는 마음으로 해주기 때문에 자애가 입으로 일하는 것입니다.

그래서 다른 사람이 잘되기를 바라면서 몸으로 도와주고 말로 가르치고 좋은 말을 해주는 것이 모두 다 자애를 몸으로, 입으로 행하는 것입니다. 지금 법문을 들으시는 여러분들도 몸으로, 입으로 다른 사람을 많이 도와준 적이 있지요? 이것이 자애입니다.

어디서 나쁜 사고가 나서 사람들이 고통스러워하고 있다는 소식을 들으면 '아! 그 사람들이 고통에서 빨리 벗어나기를!' 하고 마음속으로 바라게 됩니다. 그것은 자애를 마음으로 행하는 것입니다.

자애의 본성은 모든 존재들의 행복을 바라고 잘되기를 바라는 것입니다. 그런 본성에 따라 몸으로, 입으로, 마음으로 다른 사람의 이익을 찾아주고 말해 주고 생각하는 것이 자애가 하는 일입니다. 그런 일을 pāḷi어로 '낏짜(kicca)'라고 합니다.

3) 자애의 결과, 나타나는 이미지 (paccupaṭṭhāna빳쭈빳타나)

자애가 생길 때 마음속에 어떤 이미지가 나타나는가? '아가따(āghāta)'[18]라는 말이 있습니다. '아-가-따āghāta'는 마음속에 원한(怨恨)을 가지고 있으면서, '꽁'하게 마음속으로 미워하는 것입니다. 자애는 그 '아가따'를 제거합니다. 즉 다른 사람을 미워하는 적의가 없어지는 것이 자애의 결과입니다.

---

18 아가따(āghāta) : m. [āghāta] 진해(瞋害), 진노(瞋怒), 해심(害心), 혐(嫌), 증한(憎恨), 한(恨).

자애의 결과는 적의, 즉 '나를 해치는 사람에게, 나한테 이러저러하게 나쁘게 하는 사람에게, 나도 똑같이 갚아 주어야지.'라고 하는 복수심들이 모두 없어지는 것입니다. 그것을 '아가따가 없어진다'고 합니다.

우리는 가끔 마음속에 '누가 내게 좋지 않은 말을 했다. 나도 기회가 되면 그 사람에게 똑같이 좋지 않은 말을 해서 복수할 것이다.'라고 생각한 적이 있지요? 그것이 원한, 적개심, 곧 '아가따' 입니다. 자애심이 생기면 그런 적의들이 모두 사라지게 됩니다.

4) 자애의 가까운 원인(padaṭṭhāna빠닷타나)

자애의 가까운 원인은 사랑하는 사람, 존경하는 사람, 내가 소중하게 생각하는 사람, 이러한 사람들을 보는 것입니다. 그분들을 보면 자연스럽게 자애가 생겨나기 때문에 가까운 원인이 됩니다. 이것이 논장에 나오는 자애에 대한 특징 네 가지입니다. 첫째는 자애의 본성, 둘째는 자애가 하는 일, 셋째는 자애의 결과, 넷째는 자애의 가까운 원인, 이 네 가지로 자애를 구체적으로 설명하고 있습니다.

3.『자애경』을 설하시게 된 배경

여러분들이 자애를 잘 실천할 수 있게끔 자애와 관련된 이야기를 하겠습니다. 미얀마에서는 스님들이 어떤 일을 하든지 처음에는 항상 『자애경』을 독송합니다. 그렇게 중요하게 생각하는 것이지요. 그만큼 자애에는 힘이 있다고 할 수 있습니다. 『자애경』을 부처님께서 어떻게 설하시게 되었는지 그 역사적 배경을 알면 자애의 효험을 여러분들이 더 잘 이해할 것입니다.

부처님께서 사왓티에 계실 때 비구 스님들 500명이 부처님께 수행 지도를 받고 있었습니다. 그 스님들이 안거를 위해서 이 사왓티 근처에 있는 어떤 숲속에서 수행하려고 갔습니다. 그곳은 히말라야 산과 연결되어 있는 산인데 앞에는 모래밭이 있고 수행하기에 아주 좋은 자리였습니다.

스님들은 다음날 주변 마을들을 다니면서 탁발하시고 음식이 입맛에 맞아 공양도 적당하게 드셨습니다. 그래서 스님들은 "우리 여기서 수행합시다."라고 의견을 모았습니다. 스님들은 거기서 수행하려고 자리를 잡고는 계율을 잘 지키고 수행을 열심히 하였습니다. 신들은 스님들이 며칠 계시다 가실 줄 알았는데 계속 머무르니 여러 가지로 불편하였습니다.

더구나 그 스님들의 계·정·혜가 아주 힘이 세고 강하기 때문에 그 숲의 나무 신들이 나무 위에서 살기가 어려워지게 되었습니다. 힘이 있고 신분이 높은 사람들이 오면 자리를 비켜 주는 것이 예의인 것처럼 말입니다. 그래서 나무 밑으로 자꾸 내려오게 되고, 스님들이 계시는 것이 점점 불편해졌습니다.

스님들이 여기 자리도 좋고 나무도 좋고 산도 좋고 물도 좋고 게다가 탁발하기도 좋다 하면서 계속 살고자 하니, 나무 신들은 '스님들이 여기 계속 살게 되면 우리는 땅에 내려와 살아야 되는데, 그렇게 살기는 어렵다. 스님들에게 두려움과 공포를 일으켜서 이 숲을 떠나게 하는 수밖에 없다.' 고 생각했습니다.

어느 날 스님들이 나무 밑에서 수행하는데 귀에서 이상한 소리가 들렸습니다. 그래서 무슨 일인가 하고 눈을 떠서 살펴보니 머리만 있는 귀신이 보이고, 어떤 때에는 머리가 없고 다리와 몸만 있는 귀신이 걷고 있는 것이 보였습니다. 이렇게 이상한 소리와 흉측한 형상을 보게 되니까 스님들은 점점 두려움이 일어나면서 마음이 약해져 수행하는 데에 집중을 할 수 없었습니다.

여러분들도 숲 속에서 수행하고 있는데, 이상하고 무서운 소리가 들리고, 머리만 있거나 아니면 머리가 없이 몸만 있는 귀신들이 보이면 어떻겠어요? 무섭겠지요? 그 스님들도 아나함이 아니기 때문에 두렵고 무서웠습니다. 게다가 좋지 않은 냄새도 많이 나고, 차츰차츰 스님들이 여위어 갔습니다. 스님들이 두려움으로 밤에 잠도 못 자고 제대로 먹지도 못해서 말라 갔습니다.

한 달 후 포살일에 스님들이 모두 모였습니다. 스님들은 보름, 그믐, 15일마다 '포살'이라고 해서 이날이 되면 계단(sima) 안에 모여 포살(계율을 들려줌)을 합니다. 그때 큰스님께서 "스님들이 처음 여기 왔을 때에는 몸이 좋고 건강했는데 지금은 모두 야위어 말라 보이니 어떻게 된 겁니까?"라고 물었습니다. 그러자 스님들이 이구동성으로 큰스님께 자기들이 경험한 것을 이야기하였습니다.

큰스님께서는 그 이야기를 다 들은 후에 "우리에게 이 장소가 맞지 않습니다. 안거 장소를 잘못 선택했습니다. 지금 한 달이 지났으므로 부처님께 돌아가서 상의해 봅시다."라고 하셨습니다. 예를 들어 지금으로 치면 7월이죠? 7월에 들어간 안거를 첫 안거라고 합니다. 그 첫 안거에 무슨 문제가 있으면 한 달 후에 다시 할 수 있는 후안거가 있습니다. 그것은 문제 있을 때 하는 것이지요. 그런 '후안거'를 할 수 있기 때문에 큰스님께서 "문제가 있으니 돌아갑시다."라고 해서 첫 안거를 시작한 지 한 달 후, 석 달 안거를 미처 마치지 못하고 사왓티에 계시는 부처님께 돌아가게 되었습니다.

부처님께서 "비구들이여, 안거 3개월이 끝나지 않았는데, 일찍 돌아온 이유가 무엇인가요?" 하고 물으니 스님들이 지금껏 있었던 이야기를 그대로 부처님께 말씀드렸습니다. 부처님께서 신통지로 살펴보시고 '이 스님들에게 마땅한 다른 장소는 없다. 수행하기에 그 장소보다 더 좋은 곳이 없다. 반드시 그 장소에서 깨달음을 얻을 수 있다.'라고 아셨습니다. 그래서 부처님께서는 "비구들이여, 돌아가서 다시 그 장소에서 수행하세요. 이번에 갈 때에는 무기를 줄 테니 걱정하지 말고 돌아가서 다시 수행하세요."라고 말씀하셨습니다.

부처님께서 스님들에게 무기로 주신 것은 자애를 베푸는 것이었습니다. 부처님께서는 『자애경』을 설하시고 스님들로 하여금 『자애경』을 암송하도록 하였습니다. 그리고는 "그곳에 사는 산신들과 나무 신들에게 자애를 베풀어라. 그 숲속에서 수행하면서 그믐날과 보름날에, 즉 보름마다 이 『자애경』을 암송하라."라고 말씀하셨습니다.

그래서 스님들이 『자애경』을 외우고 독송하면서 다시 그 숲으로 갔습니다. 스님들은 돌아갈 때부터 계속 "그 산신들과 나무 신들이 건강하고 행복하고 평화롭기를, 위험이 없기를!" 이렇게 자애를 베풀면서 갔습니다. 그러니까 스님들이 숲으로 들어가기도 전에 신들과 사람들이 스님들을 반기며 마중을 나오는 것입니다. 가사를 받아 가는 사람, 발우를 받아 가는 사람, 지팡이를 받아 가는 사람, 이렇게 사람들이 모두 스님들을 기쁘게 맞이하는 것입니다. 수행처에 가니 깨끗이 청소되어 있고 물도 다 준비되어 있었습니다. 이렇게 스님들이 자애를 베푸니까 신들과 사람들도 스님들에게 자애심을 가져서 도와주고, 그래서 스님들이 안거를 무사히 마치고 그 장소에서 마침내 깨달을 수 있었습니다.

여러분들도 어디로 갈 때 가기 전에 내가 가려고 하는 곳에 살고 있는 모든 존재들을 향해서 자애를 베푸세요. 그러면 일이 잘 됩니다. 예를 들어 이사를 갈 때 그 집에 보이지 않는 존재들이 있을 수 있습니다. 보이지 않는 그 존재들에게 자애를 베풀면 좋습니다. 집안으로 들어갈 때도 계단을 올라가기 전에 집 앞에 서서 자애로운 말을 해야 합니다.

"우리가 이 집을 사서 새로 얻었습니다, 우리가 이 집으로 들어갈 건데 잘 받아 주세요. 나는 당신들에게 위협을 주지 않겠습니다. 제가 하는 선업도 회향하겠습니다. 저를 잘 도와주세요. 받아 주세요."

만약 신들이 있다면 그 말을 듣고 좋아합니다. 서로서로 이익을 바라면서, 서로서로 잘되기를 바라면서 살기 때문에 좋습니다. 우리가 전생에 친척이었던 인연들이 있기 때문에 지금 같이 살게 되어도 서로서로 잘 돕고 잘 살자는 마음으로 자애를 베풀면 신들도 좋아하고 또 그 선업 공덕을 회향해 주면 신들도 여러분들을 도와줍니다.

우리가 세속에 살면서 집 주인이 있는데도 아무 말 안 하고 갑자기 그 집에 들어가면 문제가 되겠지요? “제가 무슨 일을 하겠습니다.” 이렇게 미리 연락을 하고 허가 받고 가면 아무 문제 없듯이 그와 같이 생각하면 이해가 될 것입니다.

이렇게 부처님께서 『자애경』을 설하시게 되는 배경을 여러분들에게 전합니다.

4. 자애의 공덕 이야기

부처님께 예경 올리면 어떤 공덕이 있게 되는지 이야기하겠습니다. 앞에 이야기했던 내용은 『쿳다까니까야(Khuddakanikāya)』의 ‘숫따니빠따(Sutta-nipāta)’에 나오는 이야기이며, 지금 하려는 이야기는 위나야(Vinaya, 율장)의 『마하왁가(Mahāvagga)』라는 경전에 나옵니다.

부처님께서는 인도 음력으로 ‘웨사카’라는 2월 보름, 그러니까 한국 음력으로는 4월 보름에 깨달으셨습니다. 이 달을 까손(Kason)[19]이라고 말하지요. 까손 보름날에 부처님께서 진리를 깨달

19

양 력	pāḷi어	미얀마어	인도음력
3.16~4.15	찟따 Citta	따구 tagu	12.16~1.15
4.16~5.15	웨사카 Vesākha	까손 Kason	1.16~2.15
5.16~6.15	젯따 Jeṭṭha	나욘 Nayone	2.16~3.15
6.16~7.15	아살하 Āsāḷha	와소 Waso	3.16~4.15

고 부처가 되셨습니다. 이렇게 부처님께서 깨달은 날을 '붓다데이(Buddha Day)'[20]라고 하는데 한국은 미얀마와 조금 다르네요. 한국은 한국 음력 4월 8일을 '부처님 오신 날'로 보고 행사를 하는데, 미얀마는 한국 음력으로 4월 보름, 미얀마 음력 2월 보름날을 '붓다데이(Buddha Day)'라고 합니다.

부처님께서 인도, 미얀마 음력 2월 15일, 보름날에 깨닫고 나서 보리수나무에서 일주일[21] 동안 머무셨습니다.

보리수나무에서 동북쪽으로 7미터 정도 떨어진 자리에 서서 일주일 동안 깨달은 자리를 계속 보고 계셨습니다.

그리고 그 자리에서 깨달음의 자리인 보리수나무까지, 두 곳을 왔다 갔다 하시면서 일주일 동안 경행하셨습니다.

7.16-8.15	사와나 Sāvaṇa	와가웅 Wagaung	4.16~5.15
8.16-9.15	뽀타빠다 Poṭṭha-pāda	따우탈린 Tawthalin	5.16~6.15
9.16-10.15	앗사유자 Assayuja	타떵윳 Thadingyut	6.16.~7.15
10.16-11.15	깟띠까 Kttika	따지웅몬 Tazaungmone	7.16~8.15
11.16-12.15	마가사라 Māga-sira	나타우 Nataw	8.16~9.15
12.16-1.15	풋사 Phussa	삐야토 Pyatho	9.16~10.15
1.16-2.15	마가 Māgha	따보웨 Tabodwe	10.16~11.15
2.16-3.15	팍구나 Phaggauna	따바웅 Tabaung	11.16~12.15

20 붓다 데이 : 미얀마, 태국, 스리랑카 등 테라와다(남방) 불교에서는 '붓다데이'라고 하여 부처님의 탄생일, 성도일, 열반일이 모두 연도는 다르지만 까손(음력 2월, 양력은 5월) 보름날로 같은 날로 본다.

21 첫째 주 : 보리수 아래에서 한 자세로 앉아 계심(pallaṅka Sattāha), 둘째 주 : 깨달았던 자리를 응시하심(Animisa Sattāha), 셋째 주 : 경행대에 경행하심(Caṅkama Sattāha), 넷째 주 : 보배전각에서 아비담마를 숙고하심(Ratanaghara Sattāha), 다섯째 주 : 아자빠라 니그로다 나무 아래에서 법을 숙고하심(Ajapāla Sattāha), 여섯째 주 : 무짜린다 나무 아래에서 해탈의 지복을 누리심(Mucalinda Sattāha), 일곱째 주 : 라자야따나 나무 아래에서 해탈의 지복을 누리심(Rājāyatana Sattāha).

보리수나무에서 서북쪽에 있는 작은 건물 안에서 일주일 동안 논장을 숙지하셨습니다. 그 자리를 '라따나가라 삿따하(Ratanaghara Sattāha)'라고 하는데, '삿따하'[22]는 일주일이란 뜻이고 '라따나가라'는 그 지역 이름을 말합니다.

보리수나무 동쪽에 염소 키우는 사람들이 머무는 곳이라서 '아자빨라(Ajapāla)'라고 부르는 나무가 있는데, 그 아자빨라 나무 아래에서 일주일 동안 머무셨습니다. 그리고 동남쪽에 '무짜린다'라는 호수가 있는데, 그 호수에는 비가 많이 와요. 그 호숫가에서 부처님께서 선정에 들어 계셨는데, 용이 자신의 몸을 우산같이 펼쳐서 부처님께서 비에 젖지 않도록 하였습니다. 그렇게 용이 우산처럼 받쳐 주는 일주일 동안 부처님께서는 그 자리에서 선정에 들어 머무르셨습니다.

보리수나무에서 남쪽으로 라자야따나(Rājāyatana)라는 나무가 있는데 그 나무 아래에서 일주일 동안 계셨습니다.

마지막 일주일 동안 라자야따나 나무 아래에 계실 때 따뿟사(Tapussa)와 발리까(Bhallika)라는 두 상인을 만나는데, 그들은 부처님의 첫 재가제자입니다. 그들이 부처님께 처음으로 "부처님께 귀의합니다."라고 하였기 때문입니다. 두 상인이 떠날 때 부처님께 부처님을 대신 모실 수 있는 증표를 청하였는데 부처님께서 자신의 머리카락을 주셨다는 이야기가 있습니다.

이렇게 부처님께서 부처가 되고 나서 보리수나무 근처에서 일주일씩, 일주일씩, 이렇게 일곱 번 계신 날을 합치면 총 49일이

---

22 삿따하(Sattāha) : 삿따(Satta)는 '7', 아하(aha)는 '날' 그래서 일주일.

됩니다. 이렇게 49일을 보내신 후 아자빨라 나무 아래에 앉아서 생각하셨습니다.

'나는 깨달았고 진리를 얻었다. 그런데 이러한 진리를 누구에게 먼저 설하면 좋을까?'

부처님께서는 깨닫기 전 스승이었던 알라라 깔라마(Ālāma Kālāma)와 웃다까 라마뿟다(Udaka Rāmaputta)를 기억하셨습니다. 그런데 신통지로 보니까, 한 사람은 일주일 전에 돌아가셨고, 또 한 사람은 어젯밤에 돌아가셨음을 알게 되었습니다. 두 분은 모두 무색계 선정을 닦고 돌아가신 후 무색계 범천이 되었습니다. 무색계 범천은 물질이 없기 때문에 눈과 귀가 없습니다. 그래서 부처님께서 설법해도 그들은 부처님을 볼 수도 없고 부처님의 말씀을 들을 수도 없어서 깨달을 수 없습니다. 그런 이유로 부처님께서는 연민의 마음으로 "두 사람이 큰 손해를 보았구나!"라고 하셨습니다.

부처님께서는 부처가 되기 전 보살이었을 때, 고행하는 6년 내내 부처님 곁에서 시봉하였던 다섯 비구를 기억하셨습니다. 그래서 부처님께서 다섯 비구가 있는 '바라나시'로 가셨는데, 부처님께서 머무신 보리수나무에서 바라나시까지 대강 10일 정도 걸렸습니다. 그러면 지금 한국 음력으로 치면 6월쯤 될 것이고 양력으로 치면 7월 보름쯤에 바라나시에 도착하게 되는 것입니다. 부처님께서 바라나시에 도착할 때는 대략 시간이 오후 5시쯤인데, 해는 아직 완전히 지지 않은 상태였습니다.

다섯 비구는 부처님이 오시는 것을 보고 자기들끼리 부처님을 봐도 모른 척하자고 약속하였습니다. 왜 그랬을까요? 다섯 비구는 부처님이 깨닫기 전 보살이었을 때, 보살이 고행하고 있는 6년 동안 곁에서 시봉하였습니다. 그런데 보살이 고행을 하면서도 먹지 않으니까 어느 날 몸의 힘이 완전히 빠져 버렸고, 몸의 힘이 없으니 지혜의 힘도 없어졌어요. 지혜의 힘이 없으니 지혜로 번뇌를 없애야 되는데 그러지 못하였습니다. 그래서 보살은 고행이 깨달음의 길이 아님을 아시고 고행을 버리고 다시 음식을 먹고 몸의 힘을 키웠습니다.

보살이 탁발하여 식사를 하게 되니 다섯 비구는 보살이 수행을 포기한 것으로 오해하고 실망하였습니다. '싯다르타 태자가 열심히 6년간 고행했는데도 깨닫지 못하였는데, 지금 먹을 것 다 먹고 그렇게 한다면 더욱 깨닫지 못할 것이다.'라고 다섯 비구는 실망하면서 태자를 버리고 가버렸습니다. 그렇기 때문에 다섯 비구는 부처님이 오시는 것을 보고 이렇게 약속을 하였습니다.

"싯다르타 태자가 지금 여기로 오고 있다. 그는 6년간 열심히 수행하면서도 깨닫지 못했는데 지금은 먹을 것 다 먹고 그렇게 살고 있는데 어찌 깨달았겠느냐? 그는 수행자가 아니다. 수행이 망가진 자이다. 그러므로 그를 스승으로 대접하면 안 된다. 우리 곁으로 와도 인사도 하지 말자."

인도는 스승의 발을 씻어 주는 문화가 있습니다. 스승이 오시면 스승이 발을 씻고 앉도록 준비해 주는데, 발 씻는 물을 가져오거나 또 여러 가지로 스승을 시봉 드는 일을 하지 말자는 것입니다. "그런데 그는 끄샤뜨리야 왕족[23]에, 귀족으로 태어난 사람이

23 인도의 카스트 계급

기 때문에 아무래도 그 점은 무시하면 안 되니까 자리는 하나 내어 드리자."

그렇게 서로 약속하였습니다. 부처님께서는 다섯 비구들이 어떻게 약속하였는지 다 알고 계셨습니다. 부처님의 평상시 마음은 항상 모든 존재들, 31처[24]의 모든 존재들을 향해 자애를 베풀고 계십니다. 대상을 특별하게 정하지 않고 "모든 존재들이……" 이렇게 하시는데, 이번에는 다섯 비구들을 향하여 자애를 집중적으로 베푸셨습니다. 부처님께서 다섯 비구들에게 집중적으로 자애를 베풀자, 다섯 비구들의 마음이 바로 달라졌습니다.

다섯 비구들은 자신들이 방금 했던 약속을 잊어버리고 부처님께서 가까이 다가오시자 한 사람은 부처님의 발우를, 또 한 사람은 부처님의 지팡이를, 또 한 사람은 가사를, 또 한 사람은 발 씻을 물을, 또 한 사람은 발 씻고 앉을 자리를, 그렇게 서로서로 나서서 부처님의 시봉을 드는 것입니다.

여기서 하고 싶은 말은 무엇이겠습니까? 다섯 비구가 처음에는 부처님을 '수행이 망가진 자'로 생각하고 무시하고 있었음에

계급	직업	사회적 업무
브라만	성직자, 학자 등	사회인의 교육과 힌두교의 신들에게 기도를 드리는 일
크샤트리아	왕족, 귀족, 무사, 장교, 경찰관 등	사회 제도와 안보를 유지하며 국가를 통치하는 일
바이샤	농민, 상인, 수공업자, 연예인 등	생산활동과 관련된 일
수드라	잡역, 하인, 청소부 등	육체노동과 관련된 일

24 31처란 욕계 11개, 색계 범천계 16개, 무색계 범천계 4개를 말한다. 『아비담마 길라잡이』 상권 p. 413 도표 5.1 참고(대림스님 각묵스님 옮김. 초기불전연구회).

도 불구하고 부처님께서는 다섯 비구에게 특별히 자애를 베푸셨습니다. 이에 다섯 비구의 마음이 곧바로 편해지고 기뻐지면서 부처님께 공손해졌다는 이야기를 하고 싶은 것입니다. 그래서 스님이 '아노디사(anodhisa)', 즉 전체적으로 하는 것보다 '오디사(odhisa)', 대상을 정하고 집중적으로 하는 것이 더 자애의 힘이 있다고 하는 것입니다. 햇빛이 있을 때 볼록렌즈를 가지고 한 곳에 초점을 맞춰 놓으면 부드러운 솜에 불이 일어납니다. 퍼져 있는 햇빛을 한 곳으로 모아 주니까 힘이 세지는 것입니다.

다시 말해서 부처님을 무시하고 있는 사람들도 부처님께서 자애를 베푸니까, 그들의 마음 또한 부처님께 이익이 되기를 바라고 부처님이 잘되기를 바라고 부처님을 사랑하는 마음이 생긴다는 이야기입니다. 부처님께서는 항상 31처에 살고 있는 모든 존재들에게 자애를 베풀고 계십니다(anodhisa metta아오디사 멧따). 그리고 필요에 따라서 특정 대상에게 자애를 베푸시는데(odhisa metta 오디사 멧따), 그런 자애의 힘이 대단합니다.

5. 자애수행 실습

그러면 지금 법문은 여기서 마치고 5분 정도 자애수행을 하도록 하겠습니다.

편한 자세로 앉으시고 눈을 감으시고 자신이 제일 존경하고 사랑하고 소중하다고 생각하는 어떤 분에게 5분 정도 집중적으로 자애를 수행해 보십시오.

여기까지 하겠습니다. 이제 여러분들에게 스님께서 축원을 하면서 법문을 마치도록 하겠습니다.

"모든 수행자들이 몸이 건강하고 마음이 행복하고 편안하기를!

모든 수행자들이 사념처를 팔정도로 수행하면서 부처님의 법을 따라 열심히 실천하여 이 몸과 마음, 즉 오온의 있는 사실 그대로를 꿰뚫어 알게 되기를!

자애 수행으로 맑은 마음이 생겨서 그 맑은 마음으로 위빳사나 지혜를 계발하고, 위빳사나 지혜의 힘이 꽉 차서 '도 지혜'를 깨달아 모든 번뇌를 제거하고 생로병사 모든 고통에서 벗어나 닙바나 성취하기를 기원합니다."

사-두! 사-두! 사-두!

제2편
아신 빤딧짜 사야도 법문

1.『자애경』(Metta suttaṃ멧따 숫땅)』 원문

Yassānubāvato yakkhā ne va dassenti bhīsanaṃ

(야사누바와또 약카 네 와 닷센티 비사낭)

『자애경』의 위대한 힘 덕분에 야차(무서운 신)들이 두려운 형상, 소리 등 대상을 보여 주지 못합니다.

Yamhicevā nuyunjanto rattindiva matandito

(얌히쩨와 누윤잔또 랏띤디와 마딴디또)

이 『자애경』을 밤낮으로 게으르지 않고 열심히 지속적으로 독송하며 수행하는 자는

Sukhaṃ supati sutto ca pāpaṃ Kiñci na passati

(수캉 수빠띠 숫또 짜 빠빵 낀찌 나 빳사띠)

몸과 마음이 편안하고 행복하게 잠들며, 잠자는 동안에도 악몽을 꾸지 않습니다.

Evamādiguṇupetaṃ Parittaṃ taṃ baṇama he

(에와마디구누뻬땅 빠릿땅 땅 바나마 헤)

수행자들이여! 이 열한 가지 공덕을 갖춘『자애경』을 독송합시다.

(1)

Karaṇīyamatthakusalena yantasantaṃ padaṃ abhisamecca

(까라니야맛타꾸사레나 얀따산땅 빠당 아비사멧짜)

완전한 고요함인 닙바나에 이르려면 유능한 수행자는 마땅히 해야 하는 일인 계·정·혜를 닦아야 합니다.

Sakko ujū ca suhujū ca suvaco cassa mudu anatimānī.

(삭꼬 우주 짜 수후주짜 수와쪼 짯사 무두 아나띠마니)

계·정·혜를 잘 실천해 낼 수 있어야 하고 정직하고 매우 정직하고 순종하고 온화하고 교만하지 않아야 합니다.

(2)

Santussako ca subharo ca appakicco ca sallahukavutti ;

(산뜻사꼬 짜 수바로 짜 압빠낏쪼 짜 살라후까웃띠)

주어지는 대로 만족하고 까다롭지 않아 뒷바라지하기 쉽고 분주하지 않고 간소한 생활을 하고,

Santindriyo ca nipako ca appagabbho kulesu ananugiddho.

(산띤드리요 짜 니빠꼬 짜 압빠갑보 꿀레수 아나누깃도)

고요한 감관을 가지고 성숙한 지혜가 있어야 하고 무례하고 거칠지 않으며 사람과 신도들에게 집착하지 않습니다.

(3)

Na ca khuddamācare kiñci, yena viññū pare upavadeyyuṃ ;

(나 짜 쿳다마-짜레 낀찌 예나 윈뉴 빠레 우빠와데융)

현명한 이들에게 비난을 받을 만한 사소한 허물도 일삼지 않습니다.

Sukhino va khemino hontu sabbasattā bhavantu sukhitattā.

(수키노 와 케미노 혼뚜 삽바삿따- 바완뚜 수키땃따-)

모든 존재들이 행복하기를! 위험 없기를! 몸과 마음이 편안하고 행복하기를!

(4)

Ye keci pāṇabhūtatthi, tasā vā thāvarā vanavasesā ;

(예 께찌 빠나부땃티 따사와타와라 와나와세사)

살아 있는 생명이면 예외 없이, 무서움이 있거나 무서움이 없거나,

Dīghā vā yeva mahantā majjhimā rassakā aṇukathūlā.

(디가와 예와 마한따 맛지마 랏사까 아누까투라)

길거나 중간이거나 짧거나, 혹은 크거나 중간이거나 작거나, 뚱뚱하거나 중간이거나 말랐거나,

(5)

Diṭṭhā vā yeva adiṭṭhā ye va dūre vasanti avidūre ;

(딧타 와 예와 아딧타 예 와 두레 와산띠 아위두레)

보았든 보지 못했든, 멀리 있든 가까이 있든

Bhūtā va sambhavesī va sabbasattā bhavantu sukhitattā.

(부따와 삼바웨시와 삽바삿따 바완뚜 수키땃따)

태어날 일이 끝난 아라한이든, 태어날 일이 남은 유학과 범부이든 이 세상 모든 존재들이 행복하기를!

(6)

Na paro paraṃ nikubbetha, nātimaññetha katthaci na kañci

(나 빠로 빠랑 니꿉베타 나-띠만녜타 깟타찌 나 깐찌)

어느 누구든 다른 이를 속이지 않고 어디서나 다른 이를 조금도 무시하지 않으며

Byārosanā paṭighasaññā, nāññamaññassa dukkhamiccheyya.

(뱌로사나 빠띠가산냐 난-냐만냣사 둑카밋체이야)

증오와 적개심을 가지고 몸과 입으로 다른 이를 괴롭히지 않고, 원한을 가지고 서로서로 다른 이의 고통을 바라지 않아야 합니다.

(7)

Mātā yathā niyaṃ puttamāyusā ekaputtamanurakkhe ;

(마－따－야타－니양 뿟따 마－유사－ 에까뿟따마누락케)

어머니가 하나뿐인 자식을 자신의 목숨보다 소중하게 보호하듯

Evampi sabbabhūtesu, mānasaṃ bhāvaye aparimāṇaṃ.

(에왐삐 삽바부떼수 마나상 바－와예 아빠리마낭)

이 세상의 모든 존재들을 향하여 무량한 자애마음을 많이 모아 쌓아야 합니다.

(8)

Mettañca sabbalokasmi mānasaṃ bhāvaye aparimāṇaṃ ;

(멧딴짜 삽바로까스미 마나상 바－와예 아빠리마－낭)

온 세상 모든 존재들에게 무량한 자애를 펼쳐야 합니다.

Uddhaṃ adho ca tiriyañca asambādhaṃ averamasapattaṃ.

(웃당 아도 짜 띠리얀짜 아삼바당 아웨라마사빳땅)

위에 사는 모든 무색계 존재들, 아래에 사는 모든 욕계 존재들, 중간에 사는 모든 색계 존재들에게, 아주 넓게 원한도 적의도 넘어선 (자애를)!

(9)

Tiṭṭhaṃ caraṃ nisinno va sayāno yāvatāssa vitamiddho

(띳탕 짜랑 니신노 와 사야－노 야－와땃－사 위따밋도)

서 있거나 걷거나 앉아 있거나 누워 있거나 깨어 있는 동안에는 언제 어디서나

Etaṃ satiṃ adhiṭṭheyya brahmametaṃ vihāramidhamāhu.

(에땅 사띵 아딧테이야 브라흐마메땅 위하–라미다마–후)

자애의 마음을 잊지 않고 닦아 가는 생활을 고귀한 삶이라고 부처님께서 설하셨습니다.

(10)

Diṭṭhiñca anupa gamma sīlavā dassanena sampanno;

(딧틴짜 아누빠 감마 실–라와–닷사네나 삼빤노)

계행과 지혜를 완벽하게 지니는 수행자는 잘못된 견해에 얽매이지 않으며

Kāmesu vineyya gedhaṃ, na hi jātu gabbhaseyya puna retīti.

(까–메수 위네이야 게당 나 히 자–뚜 갑바세이야 뿌나 레띠–띠)

감각적 욕망을 제거하고 모든 번뇌를 소멸하여 다시는 잉태되어 윤회하지 않습니다.

sādhu! sādhu! sādhu!

사–두! 사–두! 사–두!

2. 『자애경』의 공덕

자애에 대한 부처님의 말씀은 아주 많습니다. 『자애경』은 그 중 하나로 부처님께서는 비구들에게 계·정·혜를 닦고 자애수행을 열심히 실천하라고 격려하셨습니다. 다른 경전에는 부처님께서 비구들에게 적게 자고 꾸준히 수행하라고, 그렇지 않으면 비구답지 않다고 말씀하셨습니다. 그런데 자애를 칭찬할 때는 부처님 말씀이 앞뒤가 맞지 않다고 할 수 있을 정도로 크게 칭찬하셨습니다.

어떻게 칭찬하느냐 하면, 긴 시간이 아니더라도 하루에 한 번 아주 잠깐이라도 자애를 베푸는 비구는 신도들이 보시하는 네 가지 필수품을 공짜로 쓰는 것이 아니라고 말씀하셨습니다.

비구들은 신도들에게 보시 받은 것만 먹고, 신도들에게 보시 받은 가사를 입고, 신도들이 마련한 공간을 이용해서 수행을 합니다. 아플 때에도 신도들이 보시한 약을 먹습니다. 그래서 스님들이 하루에 한 번만, 그것도 아주 잠깐 동안만이라도 자애를 베풀면 신도들이 보시하는 네 가지 기본적인 필수품들을 공짜로 쓰는 것이 아니고 주인으로서 쓰는 것이라고 하셨습니다. 그것을 보면 자애수행이 얼마나 대단한지 알 수 있습니다.

비구들은 다음과 같은 네 가지 계율[25]을 지켜야 합니다.

① 비구·비구니의 최고의 계율(pāṭimokkhasaṃvarasīla빠띠목카삼와라

---

25 대림스님 옮김, 『청정도론』 1권, p. 147 참고.

실라)

② 필수품에 대한 계(paccayasannissitasīla빳짜야산닛시따실라)

③ 생계의 청정에 관한 계(ājivapārisuddhisīla아지와빠리숫디실라)

④ 감각기관에 대한 제어의 계(indriyasaṁvarasīla인드리야삼와라실라)

첫째, 계목의 단속에 관한 계를 뜻하는 빠띠목카삼와라실라는 비구·비구니가 꼭 지켜야 하는 계율입니다. 비구 계율은 227개이고, 비구니는 311개입니다.

둘째, 필수품에 대한 계행을 뜻하는 '빳짜야산닛시따실라'에서 '빳짜야(paccaya)'는 우리가 먹고 자고 이용하는 네 가지 필수품을 말합니다. 스님들은 이것들을 사용할 때마다 마음을 올바르게 하면서 사용해야 합니다.

"오욕락을 즐기려고 먹는 것이 아니고, 죽지 않기 위해서 먹는다. 배고프지 않기 위해서 먹는다. 수행하기 위해서 먹는다."

이렇게 계속 마음을 바로잡으면서 먹어야 합니다.

'빳짜야산닛시따실라'에서 '산닛시따(sannissita)'는 '연관된'이란 뜻이고 '실라(sīla)'는 계율을 뜻합니다. 그냥 지켜야 하는 '빠띠목카삼와라실라' 계율뿐 아니라 '빳짜야산닛시따실라', 즉 필수품에 대한 계율도 알아야 합니다. 스님들은 음식을 먹고, 가사를 입고, 공간을 사용하고, 약을 쓸 때마다 "내가 이 약을 왜 먹는가? 내가 이 처소를 어떻게 쓰고 있는가? 내가 왜 이 가사를 입고 있는가? 왜 내가 음식을 먹고 있는가?" 이렇게 바르게 생각하면서 사용해야 합니다. 네 가지 필수품을 쓸 때마다 스님들은 바른 마음을 지녀야 합니다.

좋은 절을 가지고 있다고 거만하지 말고 수행을 잘하기 위해서 절을 사용하고 있다고 알아야 합니다. 수행할 때 밖에 비가 올 수 있습니다. 그러면 밖에서 비를 맞아 가며 수행하는 것이 힘들어 집니다. 그때 "아! 이 공간을 쓰는 것이 내가 비를 맞지 않고 수행하기 위해서구나." 혹은 해가 쨍쨍할 때도 바깥에서 수행하기 힘듭니다. "사원 안으로 들어오면 해를 피해서 편하게 수행할 수 있구나." 이렇게 좋은 장소를 사용할 때는 항상 바르게 생각해야 합니다. 밖에 모기가 많을 때도 사원 안으로 들어와서 수행하면 모기에 물리지 않습니다. "아! 내가 모기가 물지 않는 곳에서 편하게 수행할 수 있구나."

이처럼 스님이 처소를 쓸 때 자신의 마음이 항상 올바른 견해를 가질 수 있게끔 마음가짐을 바르게 하는 것이 계율의 하나입니다.

가사 입을 때에도, 좋은 색깔과 아름다운 모양을 가진 좋은 천을 생각하는 것이 아니고 가사를 왜 입는가를 숙고합니다. 부끄러움을 가리기 위해서, 추울 때 따뜻하게 하고 더울 때 시원하게 하기 위해서, 바람을 막고 햇빛을 가리고 모기와 벌레의 위험을 막기 위해서 가사를 입는다는 생각을 가지고 가사를 입어야 합니다. 음식과 약을 먹을 때에도 마찬가지입니다. 그것이 필수품에 대한 계율, '빳짜야산닛시따실라'입니다.

여러분들이 스님들의 '빳짜야산닛시따' 삶을 이해해야 합니다. 내용을 알아야 우리가 그 가치를 알 수 있습니다. 진짜 제대로 사는 스님이라면 그렇게 살아야 합니다. 여러분들도 수행자로서 똑같이 해도 됩니다. 네 가지 필수품을 쓰는 것에 대한 목적을 바르게 알고 마음을 항상 올바르게 하면서 사용해야 합니다. 이것이 비구의 계율 중 하나입니다. 이렇게 227개 비구 계율 외에 따로 계율이 더 있는 것입니다.

셋째, 생계의 청정을 뜻하는 '아지와빠리숫디'에서 '아지와(ājiva)'는 생계이고 '빠리숫디(pārisuddhi)'는 깨끗함입니다. 생계를 깨끗하게 하는 계율이 스님들의 계율 중 하나입니다. 예를 들어 때때로 스님들이 신도들의 사주를 봐 줍니다. 그러면 신도가 고마워서 스님에게 공양을 올립니다. 부처님께서는 그렇게 받은 공양을 더럽다며 먹지 말라고 하셨습니다. 또 스님이 신도에게 약을 만들어 줍니다. 신도가 병이 나으면 좋아서 스님께 보시합니다. 부처님께서는 그렇게 받은 보시 또한 자신도 받지 말고 다른 스님에게도 주지 말라고 하셨습니다.

재가자가 스님에게 바르게 보시하는 마음은 딱 한 가지입니다. 보시할 때 반드시 부처님께서 말씀하신 계·정·혜를 보고 해야 합니다.

"저 스님은 항상 계율을 잘 지킨다. 비구로서 비구답게 산다. 이 스님은 수행을 열심히 하고 집중이 좋다. 이 스님은 지혜로운 분이시다."

이렇게 그 스님의 계정혜를 보고 공양을 올려야 합니다. 부처님 가르침의 가치는 계·정·혜에 있습니다. 그런데 그 계·정·혜를 보지 않고 스님이 자기 집이 잘된다는 행운의 점을 봐 줬다고 혹은 자기 아들이 잘된다고 하는 사주를 봐 줬다고 보시하면 안 됩니다. 부처님께서는 그런 공양물을 받는 비구의 생계는 깨끗하지 않다고 하셨습니다.

스님의 계·정·혜의 가치를 보고 바른 신심으로 보시하는 것만 받는 것이 깨끗한 생계라는 뜻입니다. 그래서 제일 깨끗한 생계는 탁발해서 먹는 것입니다. 집집마다 돌아다니면서 탁발해서 먹는 것이 제일 깨끗합니다. 부처님께서 제일 칭찬하는 사람은 탁발해서 먹는 스님입니다. 다른 방법 없이 오로지 발우만 들고, 탁발도 한 집마다 한 숟갈씩 아니면 먹기 좋게 한 쪽씩, 그렇게 일곱 집을 지나가면 한 사람이 먹는 양이 됩니다. 그렇게 먹고 수행하는 것이지요. 그것이 스님의 생활입니다. 지금은 탁발 문화가 많이 사라지고 절에서 다 해주니 우리 스님들의 생활이 많이 편해졌지요.

넷째, 감각기관에 대한 제어의 계율을 뜻하는 '인드리야삼와라실라'가 있습니다. '인드리야삼와라(indriya saṁvara)'는 눈·귀·코·혀·몸·마음을 항상 챙기고 있는 것을 말합니다. 스님들은 볼 때 마음 가는대로 보지 않고 항상 눈을 챙겨서 보아야 합니다. 들을 때에도 귀를 챙기고, 냄새 맡을 때에도 코를 챙기고, 음식 먹을 때에도 혀를 챙겨야 합니다. 그리고 행주좌와에서 몸을 챙기고, 생각할 때마다 마음을 챙겨야 합니다. 그렇게 항상 챙겨야 하는 것이 감각기관의 제어에 대한 계율, '인드리야삼와라실라'입니다.

스님들은 걸어갈 때에도 앉아 있을 때에도 몸을 챙겨야 합니다. 그 말은 스님이 무게 잡고 있으라는 것이 아니고 스님답게 살려면 스님으로서 몸가짐을 바르게 해야 한다는 말입니다. 계율에 따르면 스님은 걸어갈 때 옆을 보면 안 됩니다. 항상 시선을 밑으로 두고 아래를 봐야 됩니다.

비구들은 이 네 가지 계율을 항상 지켜야 하는데, 그 중에서 필수품에 대한 계행, '빳짜야산닛시따실라'를 말하고 싶습니다. 사실, 네 가지 필수품을 주는 사람들은 스님의 부모님도 아니고, 스님의 형제나 친척들도 아닌, 스님과 아무 관계가 없는 사람들입니다. 그것도 스님에게 하는 것이 아니고 부처님 가르침을 위해서 하는 것이므로, 그것을 스님이 마음대로 쓰면 빚을 지는 것이 됩니다. 빚은 갚아야 하는 것이지요? 그렇게 빚진 스님이 죽으면 다음 생에 소가 된다는 말이 있습니다. 진짜 그런 일이 있는지는 알 수 없지만 빚을 갚기 위해서 그 집에 가서 일을 해야 된다는 말이지요.

비구들이 네 가지 필수품을 사용할 때 빳짜야산닛시따 계율에 맞게 마음을 바르게 지니지 못했더라도, 하루에 길게도 짧게도, 많이도 아니고 조금이라도 자애를 베푸는 스님은 네 가지 필수품을 받는 것이 빚지는 것이 아니라 주인으로서 쓰는 것이라고 경전 『앙굿따라 니까야』[26]에서 부처님께서 말씀하셨습니다. 주인은 주고 싶으면 주고, 먹고 싶으면 먹고, 버리고 싶으면 버릴 수 있습니다. 그래서 하루에 조금이라도 자애를 베푸는 비구를 이 네

26 『앙굿따라 니까야』 Myn. 1권 53단락. 53."Accharāsaṅghātamattampi ce, bhikkhave, bhikkhu mettācittaṃ [mettaṃ cittaṃ (sī.), mettacittaṃ (syā. kaṃ. pī. ka.)] āsevati; ayaṃ vuccati, bhikkhave – 'bhikkhu arittajjhāno viharati satthusāsanakaro ovādapatikaro, amoghaṃ raṭṭhapiṇḍaṃ bhuñjati". Ko pana vādo ye naṃ bahulīkarontī''ti! Tatiyaṃ.(『앙굿따라 니까야』 제1권, p. 89 중 3문단, 대림스님 옮김, 초기불전연구원).

가지 필수품의 주인으로 보고 빚진 것이 없다고, 그렇게까지 부처님께서 말씀하셨습니다.

이것은 비구들에게 해당하는 자애의 공덕을 이야기하는 것입니다. 재가자는 자기가 번 것으로 자기가 먹는 것이기 때문에 빚질 것이 없습니다. 스님들은 다른 사람들에게 기대어서 그들에게 보시 받은 것으로 먹고 살아야 하기 때문에 계율에 맞게 보시물을 사용해야 합니다. 그래서 스님들이 직접 돈을 버는 일을 하지 않아도 자애를 베풀면 빚지는 것이 없다고 하신 것입니다. 그러면 내가 벌어서 내가 먹는다는 일반 재가자들이 자애를 베푼다면 그 공덕은 더 말할 것이 없겠지요?

그만큼 자애가 좋은 법이라고 말하고 싶습니다. 부처님께서는 이렇게 자애를 크게 칭찬하셨습니다. 그밖에도 자애에 대해서 부처님께서 어느 정도 칭찬하셨는가 하면, 밥을 해서 수천 명에게 나눠 주며 보시하는 사람보다 우유를 한 번 짜는 데 걸리는 시간만큼 아주 짧게라도 자애를 베푸는 사람의 공덕이 더 크다고 하셨습니다.

이와 같이 자애의 공덕은 대단한 힘을 가지고 있습니다. 어떤 어미소가 새끼소에게 젖을 주고 있을 때 사냥꾼이 어미소를 창으로 찔렀습니다. 그러나 창이 어미소를 찌르지 못했어요. 왜? 어미소의 자애가 새끼한테 내려갔기 때문에 사냥꾼이 찌른 창도 그 소의 살을 찌르지 못하는 것입니다.

또 부처님께서 살아 계실 때 어떤 부잣집 딸이 시집을 갔습니다. 여자 집안은 독실한 불자 집안이었지만 남자 집안은 불자 집안이 아니었기 때문에 여자 아버지가 딸을 시집보내지 않으려 했습니다. 그러나 남자 집안의 은혜를 입었기 때문에 어쩔 수 없이 딸을 시집보냈습니다. 남자 집안은 원래부터 부자이고, 여자 집안은 그 집에서 일하는 사람들로 가난했습니다. 그런데 어떻게 하여 잘살게 되면서 딸을 시집보내게 되었습니다. 그런데 한 달 반 정도 지나서 딸이 편지를 보내왔습니다.

"아버지! 저는 감옥에 갇히는 것이 더 낫겠습니다. 제가 여기 시집 온 후로부터 부처님도 못 뵙고 법문도 못 들었어요. 시집에서는 스님들에게 보시도 못하게 합니다. 저는 진짜 노예 같습니다."

딸의 편지를 읽고 아버지는 몹시 마음이 아팠습니다. 불자 집안 사람들은 매일 부처님을 뵙고 공양 올리고 법문 듣는 것을 좋아하는데, 딸이 시집가서는 그러지 못하고 괴로워하기 때문이었습니다.

아버지는 딸에게 금을 만 오천 개 보냈습니다. 부처님 당시엔 화폐로 금을 사용했습니다. 딸이 금으로 그 나라에서 아주 아름다운 기생을 사서 남편을 시중들게 하였습니다. 그 기생은 몸을 파는 여자지만 고급스러운 여자였어요. 왕이나 왕자들이 놀러 가는 여자였습니다. 금 천 개를 줘야 그 기생이랑 하루를 같이 어울릴 수 있었어요. 그래서 아버지가 금을 주면서 딸에게 전하기를 "그 기생에게 만 오천 개의 금을 주고 15일간 남편에게 봉사하라 하고, 그동안 너는 스님들을 모시면서 법문을 듣고 선업을 지어라." 하는 것입니다. 이는 일반 부인으로서는 상상도 못할 일이지만 딸은 부처님 법문이 너무 좋아서 남편을 기생에게 주고 자기는 선업 공덕을 짓기로 하였습니다.

그 부인은 웃따라(Uttarā)였고 기생의 이름은 시리마(Sirimā)였습니다. 시리마는 아주 예쁘고 유명한 기생이었어요. 그런 기생을 돈으로 15일간 산 것입니다. 남편은 그 기생의 이름을 이미 알고 있었기 때문에 좋아하며 동의했습니다. 그래서 남편은 그 시리마와 살고 웃따라는 부엌에서 요리하여 스님들이 탁발할 때 매일 공양을 올리고 법문을 들었습니다.

시리마는 부인이 일주일이 지나도 나타나지 않고 하인들과 함께 매일 부엌에서 요리하여 부처님께 공양 올리는 것을 보고 자기가 안주인이고 부인이 하녀인 것처럼 착각했습니다.

어느 날 남편은 창문가에서 부인이 부엌에서 일하는 모습을 보면서 '이 바보야! 편하게 살면 되는데, 왜 그렇게 바보같이 일하고 있는 거야?' 그렇게 생각하면서 비웃었어요. 그러자 옆에 있던 시리마는 남편이 부인을 향해 미소 짓는다 생각하고 질투심으로 화가 났습니다. 며칠을 같이 살면서 자기 남편이라 착각하고 '자기 남편이 다른 여자를 보고 웃었다.' 그렇게 생각한 것이지요. 그래서 기생 시리마는 씩씩거리며 내려갔습니다.

웃따라는 기름으로 요리를 하고 있었는데, 시리마가 오는 것을 보고 있었어요. 눈치가 빠른 웃따라는 시리마가 자기에게 화내는 것을 알았지만 하나도 마음이 상하지 않았습니다. 그녀 덕분에 부처님께 공양 올리고 법문을 들을 수 있었기 때문에 시리마가 너무 고마웠습니다. 그래서 화내고 있는 시리마에게 자애를 베풀게 됩니다.

"건강하고 행복하고 평화롭기를! 당신 때문에 내가 이렇게 선업을 지을 수 있고 법문을 들을 수 있어서 감사합니다."

이렇게 자애를 베푸는데, 시리마가 와서 뚜껑 없는 기름 솥을 웃따라에게 확 들이부은 것입니다. 그런데 웃따라는 아무 상처도 입지 않았어요. 시리마는 '기름이 안 뜨거운가?' 하면서 그 옆에 있는 기름솥을 잡아 다시 부으려 했습니다. 그때 옆에 있던 하인들이 그녀를 잡아서 때렸습니다. 그러자 웃따라는 하인들을 말리면서 "때리지 마라! 때리지 마라! 나에게 은혜로운 사람이다." 집주인인 웃따라가 시리마에게 오히려 때려서 미안하다고 하는 것입니다. 그제서야 시리마는 '아! 내가 집주인이 아니구나.' 하고 정신을 차리면서 "죄송합니다. 제가 갑자기 일어난 질투심을 조절하지 못했습니다."라고 사죄하면서 절을 올렸습니다. 하지만 웃따라는 "나에게 절하지 말고 부처님께 절하라."라고 했습니다. 그렇게 해서 웃따라는 시리마를 부처님께 귀의시켰습니다. 그 후부터 시리마는 부처님을 스승으로 모시면서 바르게 살았습니다. 이렇게 자애의 힘은 뜨거운 기름도 사람을 다치게 하지 못할 정도로 놀라운 힘을 가지고 있습니다.

부처님께서 마간디야 바라문 부부를 가르쳐야 할 때가 되었음을 아셨습니다. 그들은 바라문 삼장에 통달한 최고의 학자들이었습니다.

어느 날 부처님께서는 일부러 바라문의 집 앞 모래 위에 부처님 발바닥이 보이도록 발자국을 선명히 남기고 가셨습니다. 부처님 발바닥에는 부처임을 상징하는 108가지 문양이 있습니다. 바라문 부부는 그것을 보고는 발자국 주인이 이 세상에서 최고의 남자임을 알았습니다. 바라문 부부에게 외동딸이 있는데, 딸의 사주가 아주 좋은 특별한 여자이기 때문에 최고의 남자와 짝을 지어 주어야 한다는 자만심이 있었습니다. 부부는 부처님의 발바닥을 보고 그 발의 주인이 자기 딸의 배필이라고 생각하고 찾아갔습니다. 그리고 부처님을 만나 말했습니다.

"우리 딸과 결혼해 주십시오."

그러자 부처님께서는 이렇게 말씀하셨습니다.

"내가 부처가 되기 전 수행하고 있을 때, 마라의 딸 세 명이 아름다운 여신의 모습으로 나를 온갖 방법으로 유혹하여도 꿈쩍하지 않았는데, 몸 안에 똥과 피고름이 가득 차 있는 그런 여자를 내가 왜 만나야 하는가?"

이렇게 말씀하셨어도 부처님에게 바라문의 딸을 무시하는 마음은 하나도 없었습니다. 단지 바라문 부부가 딸에게 강한 애착과 집착이 있어서 그것을 깨우쳐 주기 위해서 일부러 하신 말씀이었습니다. 부처님 말씀을 듣고 마간디야 바라문 부부는 깨달아 수다원이 되었습니다.

그런데 바라문 부부의 딸은 그 말을 듣고 부처님께 강한 적의를 가졌습니다. "싫으면 그냥 싫다고 하면 되는데, 왜 나를 똥이 차 있는 더러운 사람이라고 욕을 하는가?" 하면서 분한 마음을 가지게 되었습니다. 그후 그녀는 우데나 왕의 왕비가 되었는데, 왕비가 되어 권력이 생기니까 사람들을 시켜 부처님께서 탁발하실 때마다 욕하게 하였습니다.

우데나 왕에게는 부처님을 존경하고 따르는 또 다른 왕비 사마와띠가 있었는데, 바라문 부부의 딸인 마간디야 왕비는 왕에게 사마와띠 왕비를 계속 이간질하였습니다. 결국 이간질에 넘어간 왕이 부처님을 따르는 사마와띠 왕비를 죽이려고 했어요.

옛날에는 코끼리에게 술을 먹여서 땅바닥에 눕혀 놓은 죄인을 밟아 죽이게 하는 형벌이 있었습니다. 왕은 사마와띠 왕비와 오백 명의 시녀들을 땅바닥에 눕혀 놓고 술 취한 코끼리로 하여금 밟아 죽이게 했습니다.

사마와띠 왕비는 오백 명의 시녀들과 함께 코끼리에게 자애를 보내면서 자애수행을 하였습니다. 자애수행으로 사마와띠 왕비와 오백 명의 시녀들은 모두 수다원이 되고 그 자애의 힘으로 코끼리들도 그들을 밟고 지나가지 않았습니다.

다시 이간질에 넘어간 왕은 사마와띠 왕비와 오백 명의 시녀들을 향해 화살을 쏘게 하였는데, 자애의 힘으로 화살들이 비켜가는, 기적 같은 일들이 일어났습니다. 이렇게 자애의 힘은 위험을 피해 가게 하는 놀라운 힘을 가졌습니다.

자애의 공덕이 11가지가 있는데 위험을 피하는 것이 포함되어 있습니다. 여러분들이 칼이 무섭고 차가 무섭고 총이 무섭다면 자애수행을 많이 해야 됩니다. 그러면 갑작스럽고 험악하게 죽지 않고 수명을 다한 후에 죽음을 맞을 것입니다.

이와 같이 부처님 가르침에는 자애의 공덕에 대한 예화가 많이 있습니다.

3. 자애수행 두 가지- 일반 자애와 선정 자애

부처님 가르침에 나오는 자애는 두 가지 종류가 있습니다. 일반적인 선업이 되는 자애가 있고, 선정까지 가는 자애가 있습니다. 선정에서 죽으면 범천으로 태어납니다.

다난자니 바라문은 죽기 전에 사리뿟따 존자를 모셔 오게 했습니다. 사리뿟따 존자께서 보시공덕, 지계공덕 등등 그에게 여러 가지 설법을 하셨는데, 브라흐마라는 범천 이야기가 나오자 다난자니 바라문은 눈을 뜨면서 아주 좋아했습니다. 바라문들은 범천을 아주 높게 생각하고 자신들의 신으로 여기기 때문에 범천 이야기가 나오니까 바라문의 눈이 저절로 떠진 것입니다.

사리뿟따 존자는 그가 범천에 대한 애착이 많음을 알고 사악처나 인간, 천신으로 태어나는 것보다 범천으로 태어나는 것이 좋겠다고 판단하고 선정과 자애의 내용으로 법문하였습니다. 다난자니 바라문은 사리뿟따 존자의 법문을 듣고 곧 선정에 이르렀고 범천으로 태어났습니다.

그는 자애 사마타 수행을 통해 범천으로 태어났지만, 부처님께서는 사리뿟따 존자를 나무라셨습니다.

"이 사람은 깨달을 수 있는데 왜 범천에서 멈추게 하였느냐? 깨달음을 얻을 수 있는 사람에게 위빳사나 가르침으로 다시 법을 설하라!"

그래서 사리뿟따 존자는 신통력으로 범천으로 태어난 바라문에게 다시 위빳사나를 가르쳤다는 이야기입니다.

부처님께서 이 세상에 나오신 진짜 이유는 중생들을 위빳사나 수행을 통해 깨닫게 하여 열반, 닙바나로 인도하기 위한 것입니다. 위빳사나 수행이 안 되는 사람도 있겠지요. 그렇게 준비가 되지 않은 사람들에게는 어쩔 수 없지만, 위빳사나 지혜로 깨달음, 열반으로 갈 수 있는 준비가 된 사람에게는 위빳사나 수행을 가르치는 것이 제일 좋다고 하셨습니다.

자애수행의 여러 좋은 점들 중 하나가 범천으로 태어나는 것입니다. 일반 선업이 되는 자애가 있고 선정까지 되는 자애가 있는데, 선정까지 되는 자애로서만 범천으로 태어날 수 있습니다. 자애수행을 한다고 죽어서 무조건 범천으로 태어나지는 않습니다. 죽기직전에 선정에 들었던 사람만이 범천에 태어날 수 있음을 잘 아시기 바랍니다.

4. 『자애경』 해설

지금부터 『자애경』을 읽고 해설을 덧붙이도록 하겠습니다. 여러분들이 이 경을 외우면 좋은 점이 『자애경』 내용이 부처님 원음 그대로라는 것입니다. 『자애경』 원문에서 앞의 두 단락은 부처님 말씀이 아니고 후대 스님들이 쓴 것입니다. 그 뒷부분은 부처님 말씀 그대로입니다.

여러분은 한국말로 읽으면 이해하기 좋겠지만, 신들이 모를 수 있습니다. 부처님께서 말씀하신 pāḷi어로만 읽어야 신들이 알아들을 것입니다. 그래서 부처님이 말씀하신 pāḷi어로 읽는 것이 좋습니다. 한국어로 독송하면 통역사를 찾아야 하고 통역하면 법문이 바로 전달이 되지 않습니다. 그래서 부처님 말씀을 pāḷi어 원문대로 읽으면 신들이 바로 알아들을 수 있어서 좋아합니다.

1) 서문-후대 스님들의 격려의 말씀

Yassānubāvato yakkhā Ne va dassenti bhīsanaṃ
(얏사누바와또 약카 네 와 닷센티 비사낭)
『자애경』의 위대한 힘 덕분에 야차(무서운 신)들이 두려운 형상, 소리 등 대상을 보여 주지 못합니다.

[해설]

이런 글을 볼 때, 먼저 동사부터 찾아 보세요. '닷센티(dassenti)'는 '보여 준다', '네 와(ne va)'는 부정어로 즉 '네 와 닷센티(ne va dassenti)'는 '보여 주지 못한다'는 뜻입니다. 무엇을 보여 주지 못한다는 말일까요? '비사낭'은 두려운 형상들, 즉 귀신들의 무서운 모습들을 말합니다. '비사낭'은 머리만 있거나 몸만 있거나 눈만 엄청나게 큰 이상한 형상을 가진 무서운 귀신들을 말합니다.

누가 보여 주지 못하는가? '약카(yakkha)' 즉 무서운 신들이란 말입니다. '약카'는 사대천왕 밑에 있는 무서운 신인데, 아름다운 천신이 아니고 아주 무섭게 생긴 신을 말합니다.

왜 보여 주지 못하는가? '아누바와(ānubāva)'는 '능력, 영향, 권위, 위대함, 위신력, 초자연적인 힘'이란 뜻이고, 누구의 힘으로 보여 주지 못하는가? '얏사(yassā)', 이 『자애경』의 힘으로 무서운 신들이 무서운 것을 보여 주지 못한다는 말입니다. 요약하자면

『자애경』의 위력으로 무서운 귀신들이 두려운 형상들을 보여 주지 못한다는 말입니다.

Yamhicevā nuyunjanto Rattindivamatandito
(얌히쩨와 누윤잔또 랏띤디와마딴디또)
이 『자애경』을 밤낮으로 게으르지 않고 열심히 지속적으로 수행하는 자는

[해설]

무서운 신들이 어떤 사람들에게 두려운 것들을 보여 주지 못하는가? 이 질문에 대한 대답이 이 구절에 나옵니다. '얌히(yamhi)'는 그것, '쩨와(ceva)'는 '~만', 즉 '얌히쩨와(yamhicevā)'는 '그것만'을 말하는데, 여기서 그것만은 바로 『자애경』만'이란 뜻입니다. '아누윤잔또(anuyunjanto)'는 계속 자애를 숙지하면서 수행한다는 뜻인데, '아누(anu)'는 계속 반복해서 하는 것을 말합니다.

얼마나 반복해서 해야 하는가? '랏띤디와(rattindiva)'는 '밤낮으로, 하루 종일'이란 말인데, '랏따(ratta)'는 '밤', '디와(diva)'는 '낮'을 뜻합니다.

어떻게 반복해서 해야 하는가? '아딴디또(atandito)'는, '게으름이 없이, 졸지 않고 신심 있게 열심히 해야 한다'는 말입니다. '딴디또(tandito)'는 졸면서 대충하는 것이고 '아딴디또(atandito)'는 졸지 않고 아주 열심히 열정적으로 노력하는 것을 말합니다. 'm'은 어법적으로 발음을 부드럽게 하기 위해 삽입하는 것입니다. 밤이건 낮이건 끊임없이 지속적으로 열심히 이 『자애경』만을 숙지하고

있는 수행자들에게 무서운 신들은 두려운 것들을 보여 주지 못한다는 말씀입니다.

Sukhaṃ supati sutto ca pāpaṃ kiñci na passati
(수캉 수빠띠 숫또 짜 빠빵 낀찌 나 빳사띠)
몸과 마음이 편안하고 행복하게 잠들며, 잠자는 동안에도 악몽을 꾸지 않습니다.

[해설]

이렇게『자애경』을 열심히 암송하고 숙지하는 수행자들에게 어떤 공덕이 있는가? 하는 내용이 나옵니다. '수캉(sukhaṃ)'은 '아주 행복하게, 편하게', '수빠띠(supati)'는 '잔다'. '숫또짜(suttoca)'는 '자는 동안', '빠빵(pāpaṃ)'은 '나쁜 것', '낀찌(kiñci)'는 '전혀, 조금도, 하나도', '나빳사띠(napassati)'는 '보지 않는다'는 뜻입니다.

잠을 자면서 나쁜 것을 보지 않는다는 것은 악몽을 꾸지 않는다는 말입니다. '수캉 수빠띠(sukhaṃ supati)'는 잘 때는 푹 자고 깰 때는 아주 맑게 깨어난다는 의미입니다. 보통 일반 사람들은 잘 때 왼쪽으로 돌았다가 오른쪽으로 돌았다가 다리를 구부렸다가 비틀었다가 하면서, "푸~" 소리를 냈다가 베개를 뺐다가 넣었다가 하면서 잡니다. 그것은 자애가 없어서 그렇습니다. 자애가 있는 사람은 자고 있을 때 코를 골지 않고 조용히 편안하고 행복하게 잘 잡니다. 어떤 사람은 코를 심하게 골아요. 그래서 옆 사람이 잠을 잘 이루지 못합니다. 그것은 '수캉 수빠띠(sukhaṃ supati)'가 아닙니다.

자애를 수행하면 잘 때 아주 깊고 편안하고 행복하게 잘 자고 깰 때도 개운하게 깨고, 잠자는 동안에도 악몽을 전혀 꾸지 않는다는 말입니다.

Evamādiguṇupetaṃ parittaṃ taṃ baṇama he
(에와마디구누뻬땅 빠릿땅 땅 바나마 헤)
수행자들이여! 이 열한 가지 공덕을 갖춘 『자애경』[27]을 독송합시다.

[해설]

'에와마디구누뻬땅(Evamādiguṇupetaṃ)'은 에와(eva), 아디(adi), 구나(guna), 뻬(pe), 에땅(etaṃ)의 합성어입니다. '에와(eva)'는 '이렇게', '아디(adi)'는 '등등의', '여러 가지의', '구나(guna)'는 '공덕', '에땅(etaṃ)'은 '이~', 즉 '에와 마디구누뻬땅'은 '이렇게 여러 가지 공덕을 가진'이라는 뜻입니다. '에땅 빠릿땅(etam parittaṃ)'은 이 보호경을, '헤(he)'는 '선한 이들이여! 착한 이들이여! 수행자들이여! 지혜로운 자들이여!'라는 뜻이고 '바나마(banama)'는 '독송합시다.'라는 의미입니다. 그래서 '수행자들이여! 이런 여러 가지 공덕을 가진 이『자애경』을 독송합시다.'라는 말입니다.

'헤(he)'는 끼리끼리, 서로서로 부르는 말이고, '빠릿땅(parittaṃ)'은 보호하는 것을 말합니다. 예를 들어 집에 들어갈 때 담장이 있어서 담장이 그 집을 보호하고 있습니다. '빠릿따'는 담장처럼 그

27 보호경 : 자애경, 축복경, 보배경, 공작새경, 메추라기경 등 16가지가 있다.(예경지송 / 전재성, 한국빠알리성전협회 참조)

사람을 보호하고 있다는 의미입니다. 『자애경』을 계속 숙지하는 사람에게 자애의 힘이 담장처럼 보호해 주고 있다는 말이지요. 누가 함부로 하지 못하게 보이지 않는 곳에서 보이지 않는 힘들이 『자애경』을 계속 숙지하는 사람을 보호합니다. 그것을 '빠릿따'라고 합니다.

여기까지 『자애경』의 여러 가지 공덕, 즉 "무서운 신들이 무서운 것을 보여 주지 못하고, 잘 때 개운하게 잘 자고 자는 동안 악몽을 꾸지 않는 등 여러 가지 공덕을 가진 『자애경』을 함께 독송하고 숙지합시다."라고, 스님들이 수행자들을 격려하며 말씀하십니다.

2) 자애수행의 기본 자세 열다섯 가지

지금부터는 부처님 말씀입니다. 부처님께서는 열다섯 가지 수행자의 기본자세를 먼저 이야기하셨습니다. 이런 바른 태도를 가져야 자애수행이 잘됩니다. 깊은 뜻이 있으니 잘 숙지하시기 바랍니다.

Karaṇīyamatthakusalena yantasantaṃ padaṃ abhisamecca
(까라니-야맛타꾸사레나 얀따산땅 빠당 아비사멧짜)
완전한 고요함인 닙바나에 이르려면 유능한 수행자는 마땅히 해야 하는 일인 계·정·혜를 닦아야 합니다.

[해설]

'까라니야맛타꾸사레나(karaṇīyamatthakusalena)'는 까라니야(karaṇīya), 앗타(attha), 꾸사레나(kusalena) 이 세 가지 단어의 합성어입니다. '까라니야(karaṇīya)'와 '앗타꾸사레나(atthakusalena)' 사이에 'm' 소리가 들어가서 발음을 부드럽게 합니다.

'까라니야(karaṇīya)'는 '해야 하는 일'을 뜻합니다. 여러분들은 자신이 무슨 일을 해야 하는지 많이 생각하지요? 돈을 벌기 위해 해야 하는 일이 있고, 사람을 찾기 위해 해야 하는 일이 있고, 학생은 공부를 위해 해야 하는 일이 있고, 또 정치인들도 나름대로 힘을 가지기 위해 해야 하는 일이 있습니다. 그렇게 해야 하는 일을 '까라니야'라고 합니다.

'앗타(attha)'는 '이익'을 말하는데 여러분이 원하는 이익이 무엇인가요? 이익에는 여러 가지가 있습니다. 돈을 원하는 사람에게는 돈이, 친구를 원하는 사람에게는 친구가, 건강을 원하는 사람에게는 건강이, 학위를 원하는 사람에게는 학위가 '이익'입니다. 이러한 이익들을 두 가지로 압축하면 '세간적인 이익(로끼야 앗타)'과 '출세간적인 이익(로꾸따라 앗타)'으로 나누어 볼 수 있습니다.

세간적인 이익은 무엇입니까? 여러분들이 직장 다니면서 돈을 벌고, 남자와 여자가 서로 짝을 찾고, 아들딸을 낳고, 집과 차를 갖고, 이렇게 여러 가지 것들을 세속적으로 원하고 가지기 위해 찾는 모든 것이 세간적인 이익입니다.

출세간적인 이익은 부처님께서 깨달은 법인 네 가지 도와 네 가지 과, 해탈입니다. 도와 과를 깨달아 생로병사의 모든 고통에서 벗어나는 것이 최상의 이익, 즉 위없는 이익이고 다시 고통으로 돌아가지 않는 완전한 행복인 해탈입니다.

'꾸사레나(kusalena)'는 유능한 사람, 즉 자기가 하는 일에서 솜씨가 좋고 지혜가 있는 사람입니다. 축구선수가 축구를 잘하면 축구에 솜씨가 좋고 유능한 사람이지요? 그와 마찬가지로 모든 고통에서 벗어나 완전한 행복인 해탈을 찾는 수행자가 해야 하는 일은 계·정·혜 삼학을 닦고 그런 일에 솜씨가 좋고 유능해야 한다는 뜻입니다.

다시 말해서 '까라니야 앗타꾸사레나'는 유능한 사람은 자신이 원하고 찾으려 하는 이익을 위하여 마땅히 해야 하는 일인 계·정·혜 삼학을 열심히 닦아야 한다는 의미입니다.

yantasantaṃ padaṃ abhisamecca
(얀따산땅 빠당 아비사멧짜)

'얀따(yanta)'는 '그런', '산따(santa)'는, '완전히 고요하고 평화로운', '빠다(pada)'는 '생로병사의 모든 고통을 벗어난 해탈'을 말합니다. '산땅'은 형용사로 해탈의 공덕을 칭찬하는 말입니다.

해탈이라는 이익을 찾는 사람에게 해탈은 무슨 뜻입니까? 부처님의 가르침을 공부하는 이들의 최종 목적은 해탈이 되어야 합니다. 부처님의 법을 제대로 공부하면 그 목표 달성은 해탈일 것입니다. 아직 거기까지 가지 않았다면 공부 수준이 그만큼 안 된 것이지요. 그러면 계속해서 더 열심히 공부해야 됩니다. 공부의 수준이 오르면 틀림없이 해탈을 목표로 하여 가게 됩니다.

'아비사멧짜(abhisamecca)'는 눈으로 직접 보는 것처럼 보는 것을 말하는데, 즉 '깨달음'을 의미합니다. 도 지혜와 과 지혜와 해탈을 지금 눈으로 보는 것처럼 뚜렷하게 알고 성취하는 것을 의미합니다. 깨닫지 못한 사람은 해탈이 무엇인지 확실하게 모릅니다. 해탈이 없는 것 같기도 하고, 내가 먹고 싶은 것을 다 먹을 수 있는 것이 해탈인 것 같기도 하고, 내가 하고 싶은 것을 다 할 수 있는 것이 해탈인 것 같기도 하고, 해탈이 극락과 같은 것 같기도 하고, 이렇게 여러 가지로 생각할 수 있습니다.

그러나 그것은 '아비사멧짜'가 아닙니다. 아비사멧짜는 의심이 없습니다. 왜냐하면 스스로 도 지혜, 과 지혜로 해탈을 확실히 깨달았기 때문입니다. 그래서 모든 고통에서 벗어나 완벽한 자유이고 완전한 행복(산띠)인 해탈(빠다)을 성취하고 싶은(아비사멧짜) 사람은, 자기가 원하는 이익(앗타)에 능력이 있다면(꾸사레나), 해야 하는 일(까라니야)을 해야 합니다. 그 해야 하는 일은 계·정·혜 삼학입니다. 삼학을 열심히 닦아야 한다는 부처님 말씀이십니다.

본인이 찾고 있는 해탈을 제대로 성취하려면 해야 하는 일을 빠짐없이 해야 합니다. 여러분들이 부산 담마야나로 간다고 하면서 광주로 가면 부산에 가지 못한 것입니다. 그것은 해야 하는 일을 제대로 하지 않았기 때문입니다. 담마야나는 부산에 있는데 광주로 가면 되나요? '까라니야'(해야 하는 일)를 해야 '앗타'(얻고 싶은 이익)를 얻을 수 있습니다. 그리고 내가 얻고 싶은 것을 얻기 위해서는 '꾸사레나'(능력, 솜씨)가 있어야 합니다. 얻고 싶은 것을 얻기 위해서 필요한 일을 해야 되는데, 내가 엉뚱한 다른 일을 하고 있으면 얻고 싶은 것을 얻지 못하는 것은 당연합니다.

여러분에게 필요한 이익은 무엇입니까? 돈입니까? 사랑입니까? 여러분은 법을 찾고 있기 때문에 여러분들의 이익은 법입니다. 그 법은 네 가지 도, 네 가지 과, 그리고 해탈입니다.

해탈은 네 가지 도와 네 가지 과로만 갈 수 있기 때문에, 해탈로 가려면 도와 과에 들어가야 합니다. 다시 말해서 도와 과로만 해탈을 알 수 있고 도와 과에 들어가면 자연히 해탈에 들어갑니다. 해탈하기 위해 지혜로운 사람이 해야 하는 일은 무엇입니까? 그것은 계·정·혜입니다. 그러므로 여러분들은 계·정·혜를 열심히 닦아야 합니다. '얀따산땅'(그런 완벽하게 행복한), '빠당'(해탈)을 위해서입니다.

닙바나의 평온한 맛을 '산따(santa)'라고 합니다. 이 몸과 마음이라는 오온이 완전히 고요하고 평온해지는 이것이 해탈의 맛입니다. 일어남과 사라짐이 없어지므로 아주 조용합니다. 일어남과 사라짐이 있으면 얼마나 시끄럽고 뜨겁고 애가 타는지 여러분에게 위빳사나 지혜가 일어나면 저절로 알게 됩니다.

해탈은 일어남과 사라짐, 물질과 정신, 오온이 사라져 버리기 때문에 평온(산따)합니다.

해탈을 성취하기 위해 지혜로운 이들이 해야 하는 일은 무엇입니까? 재차 강조하지만 계·정·혜를 닦는 것입니다. 자기 이익을 어떻게 얻을 수 있을지를 지혜롭게 아는 사람은 계·정·혜를 닦아서 해탈을 성취한다는 말씀입니다.

계·정·혜를 잘 닦으려면 필요한 자세가 15가지 있는데, 이것은 자애수행뿐만 아니라 모든 수행에서 필요한 기본 자질입니다. 지금부터 15가지 기본자세를 설명하겠습니다.

Sakko ujū ca suhujū ca, suvaco cassa mudu anatimānī.

(삭꼬 우주-짜 수후주-짜 수와쪼 짯사 무두 아나띠마-니)

계·정·혜를 잘 실천해 낼 수 있어야 하고 정직하고 매우 정직하고 순종하고 온화하고 교만하지 않아야 합니다.

[해설]

(1) Sakko ca(삭꼬 짜, 용기 있게 잘 할 수 있는 자신감)

'삭꼬(Sakko)'는 '할 수 있는 사람'이란 뜻으로 우선 여러분이 진정으로 해탈을 이루려면 할 수 있는 사람이 되어야 합니다. 용기와 자신감이 있어야 합니다. 할 수 있는 사람만이 해탈을 이룰 수 있습니다.

그러면 무엇을 할 수 있어야 할까요? 계·정·혜를 할 수 있어야 합니다. 그래야 나머지 14가지도 할 수 있게 됩니다.

'삭꼬(Sakko)' 하면 용기입니다. 해낼 수 있는 용기가 있어야 합니다. "아이고, 어렵다. 아이고, 나는 못하겠다. 부처님 가르침이 너무 어렵다." 이런 사람들은 '삭꼬'가 없는 사람들입니다.

계·정·혜를 열심히 잘하는 사람이 '삭꼬' 할 수 있습니다.

계(戒)는 나의 몸과 입을 챙기는 것입니다. "입으로 나쁜 말 하지 마세요. 몸으로 나쁜 행동 하지 마세요." 그것이 계율입니다. 뿐만 아니라 "입으로 좋은 말 하세요. 몸으로 좋은 일을 하세요." 그것도 계율입니다. 정(定)은 집중입니다. 사마타 수행은 집중을 키우는 수행입니다. 혜(慧)는 지혜입니다. 위빳사나 수행으로 지혜를 키울 수 있습니다. 이렇게 계·정·혜를 할 수 있어야 합니다. 그렇지 않으면 깨달을 수 없습니다.

계를 지키지 않으면 그 사람의 삶이 더러워지고 문제가 많이 생깁니다. 몸으로 하지 말라는 일을 하게 되고 입으로 하지 말라는 말을 하게 되면 그것이 계속 마음을 괴롭히고, 그렇게 되면 마음집중이 안 됩니다. 마음이 불안하고 편하지 않은 사람은 집중이 안 되므로 지혜가 생기지 않습니다. 그러면 '앗타 꾸사레나'가 안 됩니다. 자기가 원하는 이익(앗타)을 가질 수 있는 능력(꾸사레나)이 없기 때문에 계·정·혜를 하지 못합니다.

그래서 부처님께서 첫째로 '삭꼬 짜', 할 수 있는 사람이 되어야 한다고 말씀하셨습니다.

부처님은 석가족 출신입니다. 그래서 석가모니라고 말하지요. 한글 발음으로 '석가'이지만, 산스크리트 발음으로는 '샥까야'이고, pāḷi어 발음은 '삭까'입니다. '삭까'는 할 수 있다는 뜻입니다. 부처님의 민족을 삭까 족이라고 하는 것은 뭐든지 할 수 있는, 용기가 강한 민족이라는 뜻이 포함되어 있습니다. '삭꼬 짜'도 용기있게 잘할 수 있다는 말입니다.

(2) ujū ca(우주 짜, 올바르고 정직함)

(3) suhujū ca(수후주 짜, 매우 정직함)

자애수행을 잘 하려면 '우주(ujū)'와 '수후주(suhujū)'가 있어야 합니다. '수후주'는 '수+우주'인데, '우주 수우주'라고 하면 발음이 어렵기 때문에 'ㅎ' 소리가 들어가서 '수후주'가 된 것입니다. '우주 짜 수후주 짜' 할 때 '짜'는 '~도'란 말입니다. '우주'는 정직하다, '수후주'는 아주 정직하다는 뜻입니다.

몸과 입으로 정직한 사람이면 '우주'입니다. 마음까지 정직한 사람은 '수후주'입니다. 있는 그대로 말하는 것이 정직한 것입니다. 입으로 정직하고 몸으로 정직해 보이지만 마음까지 정직한지는 잘 모릅니다. 모습은 눈으로 볼 수 있고 소리는 귀로 들을 수 있지만, 마음은 눈으로 볼 수 없고 귀로도 들을 수 없습니다. 그래서 마음까지 알려면 같이 오래 살아 봐야 합니다. 그런데 같이 오래 살아도 다 아는 것이 아닙니다. 지혜가 있어야 이 사람이 정직한지 아닌지 알 수 있습니다.

정직한 것과 정직하지 않는 것의 기준은 무엇일까요? '마야(māyā)'와 '사테야(sātheyya)'의 유무입니다. '마야(māyā)'는 자신이 나쁜 생각과 말과 행동을 하고 있는데 안 하는 척 하는 것을 말합니다. 자신의 잘못과 단점을 다른 사람들 앞에서 없는 척 합니다. 자신의 허물을 숨기려고 거짓말하고 거짓된 행동을 합니다. 그런 것이 다 마야입니다. '사테야(sātheyya)'는 자신에게 없는, 좋은 것을 있는 척하는 것입니다. 지혜와 선정이 없는데 있는 척하고, 계율이 깨끗하지 않는데 깨끗한 척합니다.

자신에게 없는 좋은 사실을 있는 척하면 '사테야'이고 나에게 있는 나쁜 사실을 없는 척하면 '마야'입니다. 그 두 가지 중 어느 것이 더 나쁠까요?

'우주'로만 말할 때는 두 가지가 비슷하지만, '우주'와 '수후주'로 나누어 말할 때 '사테야'가 없으면 '우주'이고 '마야'까지 없으면 '수후주'로 봅니다. 그래서 '마야'가 더 나쁘다고 할 수 있습니다.

다시 말해서 몸과 입으로 정직하고 '사테야'가 없으면 '우주'이고, 마음까지 정직하고 '마야'가 없으면 '수후주'입니다. 그래서 자신의 허물을 털어내는 것이 더 어렵고 자신에게 없는 좋은 것을 있는 척하지 않는 것은 조금 더 쉽습니다. 내가 지혜가 없는데, 돈이 많지 않은데, 공부를 못하는데, 지혜 있는 척, 돈 많은 척, 공부 잘하는 척 했어요. 그렇지만 지금부터 그렇게 하지 않겠다고 결정하는 것만으로도 쉽게 할 수 있습니다.

그러나 내가 이미 잘못을 지었다면, 정직한 사람은 형벌이나 비난을 무릅쓰고 자신의 잘못을 털어놓겠지만 정직하지 못한 사람들은 이미 저지른 잘못을 털어놓기가 정말 어렵습니다.

'우주'는 내게 없는 좋은 사실을 없는 대로 받아들이고 있는 척하지 않습니다. '수후주'는 나에게 있는 나쁜 사실을 있는 그대로 드러냅니다. 이렇게 '사테야'가 없으면 '우주'이고 '마야'가 없으면 '수후주'입니다.

"자애를 베풀려고 하는 수행자는 정직해야 한다. 그리고 아주 정직해야 한다. 정직함이 없으면 자애수행을 하지 못한다."라고 말합니다. 자애수행하기 전에 일단 정직하려고 노력해야 합니다.

'우주 수후주'의 이야기는 아주 많이 있습니다. 미얀마는 한국처럼 태고종이나 조계종같이 기본 계율이 다른 종파는 없습니다. 부처님의 계율은 똑같이 지키지만 은사스님에 따라서 문중이 좀 다른 경우는 있습니다.

어느 날 쉐우찐의 큰스님이 미얀마 왕실에 있는 자기 절 앞마당에서 청소하다가 나뭇가지를 손으로 잡고 잠깐 쉬고 있었어요. 그렇게 잡고 있으니까 가사가 걸쳐지지 않은 어깨 밑으로 겨드랑

이 털이 다 보이는 겁니다. 그때 왕이 들어오자 스님은 생각했지요. '지금 손을 내리면 정직하지 않은 것이다. 처음에는 팔을 들고 있다가 왕이 온다고 팔을 내리면 되겠는가?' 그래서 팔을 안 내리고 가만히 있었습니다. 정직하다는 것이 이런 것입니다. 일부러 왕에게 잘 보이려고 하는 것보다는 있는 그대로 보여 주는 것이 낫다는 말입니다.

오래전에 스리랑카에서 내전이 일어나자 왕과 왕비는 도망을 갔습니다. 그런데 왕비가 혼자 뒤처지면서 왕과 헤어져 산속에서 숨어 있게 되었는데 사람 발자국 소리가 나니까 무서워서 벌벌 떨고 있었습니다. 자기를 죽이려고 찾아오는 사람인 줄 알았는데, 가만 보니까 마을에서 탁발하고 돌아오는 동자승이었습니다. 스님들의 계율에는 탁발하러 오갈 때 눈의 시선은 항상 아래로 두라고 합니다. 왕비는 동자승인 줄 알고 안도의 한숨을 쉬었지만 그래도 혹시나 생각하고 조심했습니다.

첩자인지 누가 보낸 사람인지 알 수 없어서 경계하면서 지켜보고 있는데, 스님은 마을을 떠나서 숲속까지 들어올 때에도 한치도 흐트러지는 모습이 없었습니다. 그런데 동자승이 숲속으로 좀 더 들어서자 주변에 사람이 있는지 없는지 둘러보았습니다. 왕비는 그 행동이 좀 의심스러웠습니다. '이 스님이 뭐하고 있는가?' 동자승은 주변에 사람이 있는지 없는지 살펴본 후 조그만 나무들이 있는 곳으로 가서 얌전하게 앉아서 소변을 보는 것입니다. 부처님 계율에는 스님들이 서서 소변보지 말라고 되어 있습니다. 그 계율대로 산속에 아무도 보는 사람이 없을 때에도 계율을 지키면서 그렇게 정직하게 행동하는 것을 보고 왕비는 좋은 인상을 받았습니다. 내전이 끝난 후 다시 왕궁으로 돌아가게 되자 왕비는 그 스님을 찾아서 죽을 때까지 모셨다는 이야기가 있습니다. 사람들 앞에서만 그렇게 사는 것이 아니고 누가 있든 없든 간에 한결같은 모습으로 사는 그것이 '우주 수후주'의 모습입니다.

그밖에도 '우주 수후주'의 이야기는 부처님 가르침에 많이 있습니다. 부처님의 제자들은 수행해서 깨달은 자들의 마음이기 때문에 '우주 수후주'는 당연하지만 깨닫지 못한 여러분들도 수행하다가 '생멸의 지혜(udayabbayañāṇa우다얍바야냐나)'[28] 위빳사나 지혜의 4단계 정도만 되어도 사람이 아주 많이 정직해집니다. 갖고 있는 안 좋은 사실을 다른 사람에게 숨기고 싶은 마음이 없어집니다. 또 내게 없는 좋은 사실을 있는 척하고 싶은 마음도 없어집니다.

---

28 ① 정신과 물질을 구별하는 지혜(nāmarūpaparicchedañāṇam나마루빠빠릿체다냐나)
② 인과의 조건을 파악하는 지혜(paccayapariggahañāṇa빳짜야 빠릭가냐나)
③ 명상의 지혜(sammasanañāṇa삼마사나냐나)
④ 생멸의 지혜(udayabbayañāṇa우다얍바야냐나)
⑤ 무너짐의 지혜(bhangañāṇa방가냐나)
⑥ 무서움(공포)의 지혜(bhayañāṇa바야냐나)
⑦ 부정(위험)의 지혜(ādinavañāṇa아디나와냐나)
⑧ 역겨움(염오)의 지혜(nibbidāñāṇa,비다냐나)
⑨ 벗어남(해탈)을 원하는 지혜(muñcitukamyatañāṇa문찌뚜까먀따냐나)
⑩ 깊이 숙고하는 지혜(paṭisaṅkhāñāṇa, 빠띠상카냐나)
⑪ 상카라에 대한 평온의 지혜(saṅkhārupekkhāñāṇa상카루뻭카냐나)
⑫ 수순의 지혜(anulomañāṇa아눌로마냐나)
⑬ 종성의 지혜(gotrabhūñāṇa고뜨라부냐나)
⑭ 수다원도의 지혜(sotāpattimaggañāṇa소따빳띠막가냐나)
⑮ 수다원과의 지혜(sotāpattiphalañāṇa소따빳띠팔라냐나)
⑯ 반조의 지혜(paccavekkhaṇañāṇa빳짜웩카나냐나)

이 네 번째 단계의 위빳사나 지혜만 제대로 되어 있으면, 우리 삶에서 마음이 그렇게 정직해집니다.

자애수행을 하려면 준비 단계로 정직하게 살려고 노력해야 합니다. 그러려면 '마야'와 '사테야'가 없어야 합니다. '마야'는 무엇인가요? 있는 나쁜 사실을 없는 척하는 것입니다. '사테야'는 없는 좋은 사실을 있는 척하는 것입니다.

여러분들이 더 좋은 사람이 되려면 이 두 가지를 하지 않도록 스스로 훈련해야 합니다. 누가 대신 해주지 못합니다. 내가 정직하게 되려고 노력해야 합니다. 누가 나를 어떻게 해주었으면 하여도 해줄 수 없습니다. 내가 해야 합니다. 내가 입으로, 몸으로, 마음으로 정직하게 살려고 노력해야 됩니다. 우리에게 이것이 가치 있고 좋은 것이라는 마음이 없으면 자애수행의 기본도 되어 있지 않다는 것을 알아야 합니다. '내가 이 정도의 수준에 멈추면 안 된다, 정직함으로 나의 수준을 높이겠다.'라는 마음을 가지는 것이 앞에 말한 '까라니앗타꾸사레나'(자신이 원하는 이익에 솜씨가 있는 사람은 해야 하는 일을 할 수 있어야 한다)입니다.

여러분들이 해탈을 성취하려면 해야 하는 일을 할 수 있어야 하고(삭꼬), 정직함(우주)이 있어야 하고, 매우 정직함(수후주)이 또 있어야 합니다.

(4) suvaca(수와짜, 가르치기 쉬운 사람)

'수(su)'는 '좋은' 또는 '쉬운', '와짜(vaca)'는 '말, 이야기'란 뜻으로 '수와짜(suvaca)'는 '말이 쉬운 사람'이란 말입니다. '말이 쉬운 사람'

이 무슨 뜻입니까? 그것은 가르치기 쉬운 사람이란 말입니다. 스승이나 부모님 말씀에 순종하는 사람이 되라는 말입니다. 부모가 자식을 가르치는데 한 번 말해도 안 듣고 두 번 말해도 안 듣는 경우가 있지요? 그렇게 가르치기 어려운 사람을 '두와짜(duvaca)'라고 합니다. '두(du)'는 '어렵다', '와짜(vaca)'는 '말'이란 뜻입니다.

부처님이, 아라한들이, 스승이, 부모가, 형이, 도반이 가르칠 때 나는 '수와짜'입니까? '두와짜'입니까? 내가 잘못한 것을 뻔히 알면서도 이런저런 말로 핑계대고 받아들이는 마음이 없고 배우는 자세가 없는 사람은 『자애경』을 공부해 봐야 아무 소용이 없습니다. 우선 잘못된 마음부터 고쳐서 '수와짜'가 되어야 합니다.

내가 잘못했을 때 "이렇게 하면 안 된다." 하면 "아! 그렇구나." 하고 받아들여야 합니다. '수와짜'가 안 되는 사람은 다른 사람이 뭐라고 하면 바로 화를 냅니다. '네가 뭔데? 당신이 뭔데?' 그런 마음부터 먼저 나오는 것입니다. 그렇게 해서는 자애수행을 할 수 없습니다. 그래서 부처님께서 '수와짜' 즉 가르치기 쉬운 사람이 되어야 한다고 강조하셨습니다.

부처님 가르침에 '수와짜'에 대한 이야기가 많이 있습니다. 대표적으로 '수와짜 제일'인 라다 스님 이야기입니다.

부처님께서는 뛰어난 제자들을 칭찬하실 때 '○○제일'이라고 칭하셨습니다. 사리뿟따 존자는 '지혜 제일', 목갈라나 존자는 '신통 제일'이라 칭하셨고, 아난다 존자는 ① 보고 들은 견문이 부처님 제자 중에서 제일 많아서 '다문 제일', ② 한번 들은 것은 잊어버리지 않아서 '마음챙김 제일', ③ 지혜가 빨라서 '총명 제일', ④

노력이 으뜸이라서 '노력 제일', ⑤ 시자 노릇을 제일 잘하여 '시봉 제일'로 다섯 가지 제일이 있습니다.

그 중 '수와짜 제일'인 사람이 라다 스님입니다. 라다 스님은 나이가 많아서 아주 늦게 출가했는데, 사리뿟따 존자의 제자였습니다. 라다는 출가 전에 늙고 힘도 없고 가난해서 스님들에게 의지하면서 살았습니다. 스님들이 탁발해서 남은 음식을 라다에게 주었습니다. 라다는 배불리 먹고 스님들을 도와주면서 살았는데 그때 부처님을 처음 만났습니다.

라다는 제대로 먹게 되어 기쁘고 스님들과 같이 살면서 선한 마음을 가지게 되어 피부색깔과 안색이 밝아지고 보기 좋았습니다. 그런데 한참이 지난 후 부처님께서 다시 그 절에 오셨는데, 그때는 라다가 안색도 안 좋고 많이 야위어 있었습니다. 그래서 부처님께서 물어보셨습니다.

"라다여, 왜 그렇게 야위었나? 스님들이 밥을 주지 않아서 그런가?"

"제대로 줍니다."

"그럼 스님들과 사이가 좋지 않아서 그런가?"

"좋습니다."

"그런데 왜 그렇게 안색도 안 좋고 많이 야위었는가?"

라다는 자신이 출가하고 싶은데 자신을 받아 주는 스님이 아무도 없다고 이야기하였습니다.

부처님 계율에는 은사스님이 없으면 출가를 할 수 없습니다. 그를 받아 주는 은사스님이 있어야 출가할 수 있습니다. 그런데 라다를 받아 주는 은사스님이 아무도 없었습니다. 왜냐하면 늙은 라다를 가르치려면 힘이 들고 귀찮기 때문입니다. 솔직히 나이 많은 사람을 가르치는 것은 쉽지 않습니다. 동자승을 가르치는 것은 쉽지만 나이 많은 사람은 머리가 굳어져서 가르치기가 힘듭니다. 모르니까 배워야 하는데, 배우면서 고쳐 가야 하는데, 자기가 다 안다고 착각하고 세속적인 습들을 버리지 못해 가르치기가 힘이 듭니다. 그러면 은사가 되는 스님이 많이 괴롭습니다. 제자에게 부처님의 가르침을 전달하려는데 가르침을 받아들이지 못하는 제자 때문에 진이 다 빠지고 기가 죽어서 다른 일을 제대로 하지 못하기 때문입니다. 부처님 계실 때도 나이 많은 사람이 출가하면 별로 좋아하지 않았습니다.

이런 상황에서 자애로우신 부처님께서는 절에 있는 스님들을 불러 모아서 "라다가 출가하고 싶다는데 스님들은 왜 은사로서 제자를 받아들이려 하지 않는가? 라다에게 은혜를 입었다고 생각하는 스님이 한 사람도 없는가?"라고 물어보셨는데 스님들 중에서 한 분도 나오지 않았습니다. 자신들은 아무리 생각해 봐도 '우리들이 라다에게 은혜를 베풀었으면 베풀었지, 라다가 우리에게 무슨 은혜를 베풀었는가?'라고 하는 것입니다.

아무도 나오지 않으니까 부처님이 다시 물으셨습니다. 한 번 물어도 대답이 없고 두 번 물어도 대답이 없었습니다. 세 번 물음 끝에 사리뿟따 존자가 나왔습니다.

부처님께서 물었습니다.

"사리뿟따여, 라다에게 무슨 은혜가 있는가?"

"탁발할 때 라다가 제게 밥 한 숟가락을 주었습니다."

사리뿟따 존자는 그런 사람이었습니다. 지혜로운 사람은 은혜를 압니다. 지혜 없는 사람은 어리석어서 아무리 은혜를 많이 입어도 자기 나름대로 다 깎아내리고 그 은혜를 바로 보지 못합니다. 그런데 사리뿟따 존자는 밥 한 숟가락까지 기억하고 은혜라고 보았습니다.

과거 라다가 마을에 살고 있을 때 사리뿟따 존자가 탁발을 하는데 라다가 밥 한 숟가락을 준 것을 기억하고 사리뿟따 존자가 "라다의 은혜를 제가 알고 있습니다."라고 한 것입니다. 그렇게 하여 부처님께서는 사리뿟따 존자를 은사로 하여 라다를 출가시켰습니다.

부처님께서는 라다 스님에게 특별히 "라다여! 가르치기 쉬운 사람이 되어라."라고 하셨습니다. '그대가 은사스님을 찾지 못한 이유는 늦게 출가하여 '두와짜'가 될까봐 스님들이 두려워한 것이다. 제자가 되면 그의 아들이 되는 것이다. 아들을 챙겨야 하는 것은 아버지의 의무이다. 그대가 가르침을 잘 따르지 못하면 아버지가 괴롭다. 그래서 그동안 그대는 은사를 찾지 못한 것이다. 그러니 그대를 제자로 데리고 살려고 하는 스님이 없었다.' 이러한 뜻으로 "라다여! 가르치기 쉬운 사람이 되어라."라고 하신 것입니다.

한참이 지난 후 사리뿟따 존자가 라다 스님을 데리고 부처님을 찾아갔습니다. 부처님께서 물어보았습니다.

"사리뿟따여, 라다는 가르치기 쉬운 사람인가?"

"세존이시여, 라다 스님은 제일 가르치기 쉬운 사람입니다. 제가 한 마디 하면 두 마디가 필요 없는 사람입니다."

그렇게 사리뿟따 존자가 말하였는데 부처님께서는 이미 알고 계셨습니다. 부처님께서 라다가 그런 사람이 되리라는 것을 알고 계셨기에 사리뿟따 존자로 하여금 제자로 받아들이게 하신 것입니다. 계율상 은사스님이 없으면 계를 받을 수 없는데, 그는 이번 계기를 통해서 가르치기 쉬운 사람이 될 것이고, 그래서 다른 스님들에게 모범이 될 것이며 앞으로 가르치기 쉬운 사람 중 최고라는 명칭을 얻게 되리라고 부처님께서는 미리 아셨기에 사리뿟따 존자로 하여금 제자로 받아들이게 하신 것입니다.

라다는 부처님의 큰 제자가 되었습니다. 부처님의 제자 중 최고 제자는 두 사람밖에 없습니다. 사리뿟따 존자와 목갈라나 존자인데, 두 분을 '에까사와까', '에까'는 '최고', '사와까'는 '제자'란 뜻으로 '최고 제자'란 말입니다. '마하 사와까', '마하'는 '대(大), 크다', '사와까'는 '제자'란 뜻으로 '대제자'란 말인데, 대제자는 80명입니다. 부처님의 대제자라는 것은 '○○제일' '○○제일'이라고 칭호를 받은 스님들입니다. 그 중 라다도 '가르치기 쉬운 제일'이 된 것입니다.

여러분들은 '수와짜'를 잘 생각해 보세요. 내가 어린 시절 부모님과 같이 살 때 '수와짜'였나? '두와짜'였나? '수와짜'라면 다행인데, '두와짜'라면? 지난 10년, 30년, 50년을 살면서, 나는 '두와짜'로 살았나? '수와짜'로 살았나?

그런데 과거는 이미 지나갔고 끝났습니다. 앞으로가 중요합니다. 지금부터가 중요합니다. 지금부터 어떤 사람이 되어야 합니까? '수와짜'가 되어야 합니다. 지금부터 말이 쉬운 사람, 가르치기 쉬운 사람이 되십시오. 가르치기 쉬운 사람이 되어야 깨달을 수 있습니다. 가르치기 어려운 사람은 깨닫지 못합니다. 그것은 가르치는 대로 따라서 하지 않기 때문입니다. 말이 어려운 사람이기 때문에 가르치기 어렵습니다. 스승은 제자를 키울 때 말을 잘 듣지 않는 사람은 키우려고 하지 않습니다. 그러면 그 사람은 깨달음의 길에서 멀어지게 됩니다.

(5) mudu(무두, 심신이 부드럽고 유연함)

'무두(mudu)'는 '부드럽다'는 뜻으로 몸과 마음이 부드럽고 예의가 바르다는 의미입니다. 예를 들면 부처님 앞에서 법문 들을 때 앉아 있는 자세를 예의 바르게 해야 합니다. 부모님, 스승님, 내가 존경하는 분들 앞에서 앉아 있는 자세나 태도를 '무두'로 해야 한다는 말입니다. 몸과 입으로 '무두' 하는 사람은 항상 스스로 예의를 갖추면서 행동하고 말합니다.

그런데 몸과 입으로 예의를 갖추는 척할 수 있습니다. 예의를 갖추어야 상대방이 나에게 이익을 주기 때문입니다. 사업가들이 정치인들에게 예의를 잘 갖추지요? 하지만 마음속까지 예의를 갖추는 것은 아닙니다. 다만 자기 일이 잘되기 위해서 겉으로 예의를 갖추는 척합니다. 그것을 '무두'라고 말하지는 않습니다. '무두'는 마음까지 보는 것입니다. 나의 마음과 행동과 말이 일치가 되어야 합니다. 그래서 '무두'라고 할 때 몸과 마음으로 아주 착하게 예의를 지키는 것을 말합니다.

부처님 앞에 마주할 때 정면에 앉거나 부처님께서 옆으로 45도 이상 돌려 보도록 앉거나 부처님 뒤에 앉거나 부처님보다 높은 자리에 앉으면 예의에 어긋납니다. 적당한 자리에 예의를 갖추고 앉아야 됩니다.

아버지, 어머니, 형, 누나한테도 마찬가지로 나보다 나이가 많으면 나잇값이 있고, 나보다 계율이 좋으면 계율 값이 있고, 나보다 공부 잘하면 공부 값이 있는 것입니다. 항상 그 사람의 가치를 보는 그것이 지혜입니다. 때에 따라, 상황에 따라, 항상 그때그때 맞게 하는 것이 지혜입니다. 이 자리에서 내가 어떤 사람인지, 저 자리에서 내가 어떤 사람인지, 항상 구분해서 예의를 갖추어야 합니다.

대통령이 대통령의 일을 할 때 스님도 대통령을 존중해야 합니다. 그리고 절에 왔을 때는 대통령도 절의 스님들을 존중해야 합니다. 일의 가치와 사람의 가치를 보면서 예의를 갖추는 것이 중요합니다.

그렇게 보면 가치 없는 사람은 없습니다. 가치 없다고 보는 것은 내가 지혜가 없는 것입니다. 다 가치가 있습니다. 거지도 가치가 있습니다. 거지도 가치 있다는 말은 나로 하여금 선업이 되게끔 도와주고 있는 사람이기에 무시하면 안 된다는 것입니다. 거지를 보고 내가 진심으로 주고 싶은 마음이 생기면 선업입니다. 거지가 나에게 보시할 수 있는 기회를 준 것입니다.

보시한다는 것은 나의 욕심을 버리는 것입니다. 욕심을 버려야 줄 수 있습니다. 우리는 누구에게 무언가 주게 되면 내가 가진 것이 없어진다고 착각합니다. 아닙니다. 준다는 것은 돌덩어리보다 무거운 나의 욕심이 없어진다는 것입니다. 내가 천 원을 주었다면 천 원에 있던 나의 욕심을 버리는 것입니다. 내가 만 원을 주었다면 만 원에 있던 나의 욕심을 버리는 것입니다. 내가 욕심을 버리지 못하면 하나도 주지 못합니다.

그래서 거지는 거지대로 가치가 있습니다. 개도 개의 가치가 있고, 새도 새의 가치가 있고, 아이도 아이의 가치가 있습니다. 내 아들, 내 딸이라고 생각하고 어리다고 무시하면 안 됩니다. 내 아들, 딸들도 자기의 가치를 가지고 있다고 보면 이 세상에 존중하지 않아도 되는 사람은 없습니다. 나름대로 다 존중해야 됩니다. 여기서 '무두'는 그런 의미입니다.

'무두(mudu)'는 우리가 부드럽고 유연한 마음으로 예의를 잘 갖추는 것입니다. 몸의 행동, 말의 행위, 그리고 마음까지 '무두'를 하여 우리는 다른 사람의 가치를 존중하고 항상 부드러운 마음을 가져야 합니다. 부드러운 마음이 없는데 어떻게 자애가 생길 수 있을까요? 나무가 부드럽지 않고 딱딱하면 어떻게 됩니까? 밟으면 딱 부러집니다. 아이들이 먹는 뻥튀기 과자는 한입에 팍 깨지면서 쉽게 부서집니다.

그와 같이 마음에 '무두'가 없는 사람은 부서지기 쉽습니다. 항상 마음이 부서질 준비가 되어 있습니다. 자애보다 뭐가 더 쉬워요? 화내는 것이 더 쉽습니다. 자꾸 화내는 사람은 '무두'가 없어서 마음이 곤두서 있습니다.

'무두가 없으면 부서지기 쉽다.' '무두'가 있는 사람은 무슨 일이 있어도 부드럽기 때문에 융통성 있고 여유가 있습니다. 화를 내는 사람은 강한 사람이 아닙니다. 화를 내는 사람은 약한 사람입니다. 화가 많은 사람은 마음이 약해서 화를 자주 냅니다. 마음이 강한 사람은 상대방이 건드려도 아무렇지도 않아요. 상대방이 아무리 건드려도 마음에 여유가 많고 힘이 있기 때문에 별로 다치지 않습니다. 자꾸 화내고 짜증내는 사람은 원래 마음의 힘이 빠져 있는 상태입니다. 자동차의 엔진이 오래되어 엑셀을 밟으면 엥~ 소리가 나지요? 차가 많이 힘들어 합니다. 그런데 자동차가 새것이면 아무 소음도 없이 조용히 잘 나갑니다.

마음도 그와 같습니다. 마음의 엔진에 힘이 없으면 조금만 건드려도 화가 납니다. 마음의 엔진에 힘이 있으면 아무리 건드려도 아무렇지도 않습니다. 편안하게, 힘차게 자신의 길을 달려 나갑니다. 이렇게 매사에 '무두'가 있어야 합니다. 법문하는 사람도 '무두'가 있어야 법문을 잘 준비하게 되고, 법문을 듣는 사람도 '무두'가 있어야 지혜롭고 행복하게 법문을 듣습니다. '무두'의 의미를 숙고하면서 자애 수행을 잘 할 수 있기를 바랍니다.

(6) anatimānī(아나띠마니, 지나친 자만이 없음)

'마나(māna)'는 '자만', '아띠마나(atimāna)'는 '너무 지나친 자만, 자부심', 즉 자만이 있어도 너무 많다는 말입니다. '아나띠마나(anatimāna)'는 그런 지나친 자만이 없다는 말입니다. 자만이 무엇입니까? 아상이지요? 자만 없는 사람은 없습니다. 자만이 없으면 아라한입니다. 아나함까지는 자만을 가지고 있습니다. 그러니까 우리 같은 범부들에게 자만이 있는 것은 당연하지요.

여기서 '아띠마나'는 너무 지나친 자만을 말합니다. '우리 집안이 어떤 집안인데.' '내가 어떤 사람인데.' '내가 무슨 공부했었는데.' '내가 나이가 얼마인데.' 이와 같이 나이, 돈, 공부, 집안에 대한 자만이 많은데, 쓸데없는 자만들입니다. 죽을 때는 다 놓고 가야 합니다. 그런 자만들이 '아띠마나'입니다. 그런 자만 때문에 자애수행이 안 되니 자만하지 말라는 것입니다.

자애로운 마음은 아주 착한 마음인데, 자만이 지나칠 때는 남을 무시하게 됩니다. 내가 안다는 것은 반대로 말하면 너는 모른다는 것입니다. 내가 안다는 것에서 끝나는 것이 아니고 다른 사람을 무시하며 너는 모른다고 합니다. '나는 잘한다'는 것은 다르게 말하면 '너는 못한다'는 말입니다. 내가 뭔가를 잘한다고 생각할 때마다 알게 모르게 남을 무시하게 됩니다. 그런 마음으로 어떻게 자애를 베풀 수 있겠습니까?

아직 자애수행을 시작하지도 않았습니다. 준비단계인데도 머리가 아프지요? 사람들은 집안, 재산, 남편, 부인, 그리고 아들딸을 가지고 자만을 부립니다. 또 잘나가는 부모, 잘생긴 얼굴, 공부 잘하는 것으로 자만 부리는 사람들도 있는데 그런 자만들이 '아띠마나'입니다. 자만이 너무 지나치면 안 되고 지나친 자만이 있는 사람은 자애수행을 못한다는 말입니다.

Santussako ca subharo ca, appakicco ca sallahukavutti;
(산뜻사꼬 짜 수바로 짜 압빠낏쪼 짜 살라후까웃띠)
주어지는 대로 만족하고 까다롭지 않아 뒷바라지하기 쉽고 분주하지 않고 간소한 생활을 하고,

[해설]

(7) Santussako ca(산뜻사꼬 짜, 만족하는 사람)

'산뜻사꼬(santussako)'는 '만족하다'라는 뜻으로 여러분들이 자애

수행을 잘 하려면 만족하는 사람이 되어야 합니다. 만족하지 못하는 사람은 이것저것 다 해봐야 하기 때문에 자애마음을 가질 여유가 없습니다. 우리가 만족하지 못하면 아무리 많아도 항상 부족합니다. 욕심은 만족을 모르기 때문입니다. 욕심이 많으면 항상 부족하고 욕심을 채우기 위해 뭔가를 계속 요구합니다. 그렇게 되면 이것저것 다 해야 하니 자애를 할 수 있는 여유가 없습니다. 부처님 가르침에는 네 가지 '최고(parama빠라마)'가 있습니다.

첫째, Santuti parama dhana(산뚜띠 빠라마 다나)

'산뚜띠(santuti)'는 '만족', '빠라마(parama)'는 '최고', '다나(dhana)'는 '재산'이란 뜻으로 재산 중에 최고의 재산이 만족입니다. 돈이 10억만 있으면 더 이상 비즈니스 안 하겠다 하면서 열심히 돈을 벌었습니다. 그런데 10억이 되면 20억을 원하게 됩니다. 20억이 되면 30억을 원하게 됩니다. 만족해 버리면 끝인데 그것이 쉽지 않습니다. 그냥 하루 먹을 것이 있으면 그만이라고 만족하는 사람은 잘 사는 사람입니다.

만족할 줄 모르는 사람은 세계적인 부자가 되어도 가난한 사람입니다. 왜냐하면 항상 불만족해서 뭔가를 필요로 하기 때문입니다. 자기 마음속에 뭔가 채워지지 못하고 허전합니다. 만족하지 못하면 다 갖추고 있어도 부족합니다. 만족할 줄 모르면 많이 가져도 가난합니다. 만족할 줄 아는 사람은 마음이 가득 찹니다. 만족하자마자 다 갖추게 되는 것입니다. 만족해야 잘 삽니다. 가난해도 잘 사는 것입니다. 진정한 부자는 재산이 많아야 되는 것이 아니고 만족감이 있으면 되는 것입니다. 최고의 재산은 만족이라고 부처님께서 말씀하십니다.

둘째, Arogyaparamā lābhā(아로갸빠라마 라바)

'아로갸(arogya)'는 '병 없음, 건강', '빠라마(paramā)'는 '최고', '라바(lābhā)'는 '가지는 것, 받게 되는 것, 얻음'을 뜻하는데, 우리가 가질 수 있는 것 중 최고는 무엇인가요? 여러분들이 태어난 때부터 지금까지 이것저것 계속 많이 찾고 있지요? 남자가 여자를 찾고, 여자가 남자를 찾고, 돈을 찾고, 일자리를 찾고, 공부를 찾고, 학위를 찾고, 집을 찾고, 차를 찾고, 먹는 것을 찾고, 입는 것을 찾고, 친구를 찾고, 아들딸을 찾고, 도반을 찾고 있습니다. 그렇게 찾아서 우리가 가질 수 있는 것 중 최고는 무엇입니까?

부처님께서는 '아로갸 빠라마 라바' 즉 우리가 가지게 되는 여러 가지 중 최고가 건강이라고 말씀하셨습니다. '아로갸'가 무엇인가요? '로갸'는 '병', '아로갸'는 '병 없음, 건강'입니다. 우리가 가질 수 있는 것 중 최고가 건강입니다.

부처님 말씀이 맞는지 틀리는지 지혜로 계속 따져 봐야 합니다. 따지는 지혜도 중요합니다. 나쁜 의도로 따지는 것은 좋지 않지만, 좋은 의도로 따지면 지혜가 생겨납니다. '어, 그냥 그런가 봐.' 하고 생각 없이 받아들이는 사람은 지혜를 키우지 못합니다. 그래서 맞는지 틀리는지 내 생활 속에서, 다른 사람의 생활 속에서 계속 살펴보아야 합니다.

미얀마에서 아주 부자인 할머니가 아들딸을 유학 보냈는데 아들딸이 외국에 살면서 돌아오지 않는 것입니다. 그런데 남편도 죽었습니다. 할머니는 돈은 엄청나게 많았지만 가족도 없이 혼자

쓸쓸하게 살게 되었습니다. 집안일을 도와주던 사람들도 나가 버렸습니다. 돈이 많이 있어도 사는 것이 재미가 없었습니다. 어느 날 할머니는 다쳐서 침대에 누워 있게 되었습니다. 그때 옆집에서 몇 층짜리 건물을 짓고 있었는데, 사람들이 건축 자재들을 일일이 머리에 이고 대나무 계단을 올라가 옮깁니다. 십 층 건물이든 십일 층 건물이든 다 계단으로 올라갑니다. 하루는 침대에 누워 창문을 통해 밖을 보고 있는데, 하루 일해서 하루 먹고 사는 열여섯 살짜리 아이가 머리에 무거운 건축 자재들을 이고 노래를 부르며 계단을 열심히 올라갔다 내려갔다 하는 것입니다. 할머니가 그 모습을 보고 "내가 지금 저 아이만큼 건강하고 기쁘게 살 수 있게 해 준다면 내 재산을 다 주겠다."라고 탁발하는 스님에게 말하였습니다. 진정으로 그렇게 말하는 것이지요. 건강하지 못하면 가지고 있는 것이 아무 의미가 없습니다.

그래서 부처님께서는 '아로갸 빠라마 라바!' 우리가 가질 수 있는 여러 가지 중 건강만큼 좋은 것이 없다고 말씀하셨습니다.

셋째, Khantī paramaṃ tapo titikkhā(칸띠 빠라망 따뽀 띠띡카)

'칸띠(khantī)'는 '인내', '빠라망(paramaṃ)'는 '최고', '따뽀(tapo)'는 '하기 어려운 일', '수행', '띠띡카(titikkhā)'는 '참는 일'을 말합니다.

'따빠(tapa)'는 일반 사람들이 못하는 어려운 일을 말합니다. 한마디로 수행이지요. 사람들은 청정해지기 위해서 여러 가지 방법으로 수행하고 있습니다. 그렇지만 제대로 된 수행법은 팔정도뿐입니다. 대부분 고행으로, 쾌락으로 가 버립니다. 고행 쪽으로 가는 것을 '따빠'라고 말합니다. 인도 수행자들이 많이 하고 있습니다. 옛날 부처님 당시에도 수행자들이 자기들이 하는 '따빠'를 많이 자랑하였습니다. "나는 무슨 '따빠'를 한다."면서 대단하게 여겼습니다. '따빠'는 사실 뜨거운 것을 뜻합니다. 뜨겁게 해서 번뇌를 태운다는 의미입니다.

"안 먹고 살겠다." "물만 마시고 살겠다." 또 행주좌와 네 가지 자세 중 좌·와·행을 다 버리고 "항상 서서 살겠다." 이렇게 십 년, 이십 년, 삼십 년, 죽을 때까지 하는데 그런 고행을 '따빠'라고 말합니다. 그래서 부처님께서는 최고의 '따빠'는 '띠띠까'라고 말씀하셨습니다. '띠띠까'는 참고 인내하는 것입니다. 인내라는 '칸띠'와 뜻이 같습니다. '띠띠까'는 참는 것, '칸띠'도 인내로 참는 것, 그래서 십바라밀 중 인내바라밀이 최고의 '따빠'입니다.

여러분이 대단한 수행자가 되고 싶으면 무슨 수행을 해야 합니까? '칸띠빠라미(인내바라밀)' 수행을 해야 합니다. 칸띠빠라미를 수행할 때 제일 쉽게 할 수 있는 곳이 어디입니까? 자기 집입니다. 남편에게 '칸띠'해야 하고, 부인에게 '칸띠'해야 합니다. 제일 가까이 있는 사람에게 '칸띠(인내)'를 해보세요. 그 인내를 갖고 하는 것이 부처님께서 최고의 따빠라고 말씀하셨습니다.

넷째, Nibbāna paramā vadati Buddha(닙바나 빠라마 와다띠 붓다)

'닙바나(nibbāna)'는 '해탈, 열반', '빠라마(paramā)'는 '최고', '와다띠(vadati)'는 '말씀하신다', '붓다(Buddha)'는 '부처님'이란 뜻입니다. 모든 부처님들이 말씀하시는 것 중 최고의 말씀이 닙바나(해탈)입니다.

최고의 재산은 '산뚜띠(만족)'이고, 최고의 얻음은 '아로갸(건강)' 이고 최고의 수행은 '칸띠(인내)'이고 최고의 맛은 '닙바나(해탈)'입니다.

이렇게 '산뚯사꼬', 만족하는 사람이 되어야 자애수행을 잘할 수 있습니다. 그 산뚯사꼬가 구체적으로 무엇인지 알아보겠습니다. 부처님 말씀에 '산또사(만족)'는 세 가지 있습니다.

첫째, 얻음에 만족하라(Yathā lābha santosa야타 라바 산또사)

'야타(yathā)'는 '되는대로, 들어오는 대로, 있는 그대로'. '라바(lābha)'는 '받게 되는 것, 가지게 되는 것'. '산또사(santosa)'는 '만족하다'라는 뜻입니다.

출가자에게 필수품은 네 가지입니다. 일반 재가자들은 출가자가 아니기 때문에 필수품을 네 가지로 꼭 그렇게 줄여야 하는 건 아니지만 스님들은 그렇게 꼭 줄여야 합니다.

음식, 가사, 처소, 약품, 이 네 가지 필수품들이 들어오는 대로 만족하라는 뜻입니다. 어떤 스님이 면으로 된 가사를 입고 싶은데, 들어오는 것이 면 가사가 아니에요. 그래서 만족하지 못하면 어떻게 하겠습니까? "면 가사를 가지려면 어떻게 할까? 이 가사를 가서 팔까? 가게에 가서 바꿀까? 어떤 사람에게 부탁해서 바꾸게 할까?" 이런 생각들을 하고 있으면 자애수행을 하지 못하게 됩니다.

여기서 부처님께서 자애를 주제로 가르치고 있기 때문에 자애수행을 하려는 사람은 이렇게 되어야 한다고 말씀하셨지만, 자애수행뿐만 아니라 모든 수행에 이 열다섯 가지 기본자세가 요구됩니다. 여러분이 수행이 어렵다고 하면 마음이 이 열다섯 가지 기본자세 중 어느 하나에 걸려 있는 것입니다. 어딘가에 걸려 있기 때문에 수행을 못하고 있습니다. 모든 수행의 기본자세가 열다섯 가지인데, 그 중 하나가 만족입니다.

만족하지 못하는 사람은 수행을 하지 못한다고 보면 됩니다. '야타 라바 산또사'는 그런 의미입니다. 들어오는 대로 만족하면 해야 하는 일에서 마음의 여유가 많이 생깁니다. 만족하지 못하면 수행할 여유가 없고 하고 싶은 마음조차 생기지 않습니다. 왜냐하면 그것이 수행보다 중요하고 급하게 느껴지기 때문입니다. 그 일에 신경을 쓰고 있기 때문에 수행하는데 관심을 가지지 못합니다.

그러므로 먹는 음식, 입는 옷, 사는 거처, 필요한 약품에 대해 만족하면 아무 문제가 없습니다. 예를 들어 비타민을 만드는 생산지가 한국, 미얀마, 태국, 미국 등 여러 곳인데 나는 미국에서 만든 비타민만 먹겠다고 하면 문제가 있다는 말이지요. 약이 필요해서 먹더라도 들어오는 대로 만족하면 됩니다. 스님에게 한국 비타민이 들어오는데 미국 비타민을 찾고 있으면 안 된다는 말입니다.

먹는 음식도 마찬가지입니다. 스님은 미얀마 음식을 먹고 싶은데 한국 음식이 들어왔어요. 그러면 한국 음식은 안 먹고 미얀마 음식이 들어올 때 먹겠다고 하면 안 됩니다. 들어오는 그대로 아무 말 없이 마음을 단속하면서 먹고, 가사도 들어오는 대로 입고, 처소도 되는 대로 받고, 약도 들어오는 대로 받아서 수행하라는 것입니다. 그것이 '라바(받게 되는 것, 가지게 되는 것)'입니다. 내가 받는 대로 만족하라. 그러면 수행이 잘된다는 말씀입니다.

둘째, 능력에 만족하라(Yathā bala santosa야타 발라 산또사)

'야타발라(yathā bala)'는 '자기 힘 따라 할 수 있는 것', '산또사(santosa)'는 '만족하는 것'을 말합니다. 즉 자기 힘 따라 할 수 있는 것에 만족하는 것입니다. 할 수 있는 만큼 만족하지 못하면 또 다른 일을 벌이게 되지요. 일을 많이 벌여 놓으면 그만큼 수행을 하지 못하게 됩니다. 그래서 내가 할 수 있는 만큼 하면서 만족해야 수행을 잘할 수 있습니다.

셋째, 적당함에 만족하라(Yathā sāruppa santosa야타 사룹빠 산또사)

'야타 사룹빠(yathā sāruppa)'는 '적당한 대로, 마땅한 대로', '산또사(santosa)'는 '만족하는 것'을 말합니다. 필요한 것보다 더 많이 들어와 힘든 경우가 있습니다. 사용하고 있는 것보다 더 좋은 것이 아주 많이 들어오는 경우가 있습니다. 예를 들어 절이 필요한데, 절은 소박하고 실용적이면 되는데 5성 호텔급이 들어왔어요. 그러면 받지 말라는 겁니다. '야타 사룹빠'는 적당하고 마땅한 것을 해야 한다는 말입니다.

가사를 입을 때 가사는 부끄러운 부위를 가리고, 추울 때 따뜻하게, 더울 때 시원하게, 모기가 많을 때 모기를 막게 이런 의미로 입는데, 예쁘고 화려하고 여자들이 입는 것 같은 천으로 만든 가사가 들어오면 받지 말라는 것입니다.

먹는 음식도 산해진미로 많이 들어오면 나 혼자만을 위해서는 받지 말라는 것입니다. 내가 이런 것을 먹어도 되는가? 내가 이런 것을 입어도 되는가? 내가 이런 곳에서 살아도 되는가? 내가 이런 약을 써도 되는가? 이렇게 생각해서 너무 좋은 것은 자신보다 계·정·혜가 높은 사람에게 보시하라는 것입니다. '야타 사룹빠'가 그런 의미입니다.

'야타 라바 산또사(얻은 그대로 만족하라)'에서 부족하고 힘들어도 만족스럽게 살라 하시고, '야타 사룹빠 산또사(적당함에 만족하라)'에서 너무 풍부하게 들어와도 적당하고 마땅한 것만 쓰고 마땅하지 않은 것은 어떤 식으로든 돌려줘야 한다고 하셨습니다. 다른 스님에게 주든지, 다른 절에 주든지 그렇게 해야 합니다. 예를 들어 여기 쌀이 20kg 필요한데, 200kg이 들어왔어요. 어떻게 해야 됩니까? 고아원에 보내든지, 강원의 스님에게 보내든지 해야 합니다. 많이 갖지 말고 필요한 만큼 적당하고 마땅하게 사용해야 합니다. '야타 라바 산또사', '야타 발라 산또사', '야타 사룹빠 산또사', 이 세 가지 만족에 대해 이해하시겠지요?

그렇다면 일반 재가자는 이 세 가지 만족을 할 수 없는가? 할 수 있고 또 그렇게 하는 것이 좋습니다. 그렇게 하지 않으면 바쁘고 시간도 없고 돈도 모자라고 항상 부족하게 되어 있습니다. 왜냐하면 만족하지 못하기 때문입니다. 그래서 만족한다는 것은 되는 대로, 들어오는 대로, 가지게 되는 대로 만족하고, 또 내 힘만큼 살고 내 힘보다 더 크게 쓰지 않고, 또 내 힘보다 크게 넘칠 때에는 오히려 덜어 내고 털어 버립니다.

(8) subharo ca(수바로 짜, 모시기 쉬운 사람)

'수(su)'는 '쉬운, 잘하는', '바라(bhara)'는 '키우는 것'으로 '수바라(subhara)'는 '키우기 쉬운 사람이 된다'는 뜻입니다. '수바로' 또는 '수바라'인데 조사로 인해 발음이 달라질 뿐 뜻은 같습니다. 부모가 아들딸을 키우는 것이 '바라'입니다. 스님들은 키운다는 말이 다소 어색하므로 모시기 쉬운 스님이 되어야 한다고 번역하면 되겠습니다. 신도들이 스님을 모시는데 너무 힘들면 안 된다는 말입니다. 출가자는 재가자에게 의지해서 살기 때문에 재가자에게 고통을 주면 안 됩니다.

출가자에게 제일 좋은 생계는 탁발해서 먹는 것입니다. 스님이 탁발할 때 한 집에서 한 숟가락씩, 그것도 꼭 주어야 하는 것이 아니고 줄 수 있는 사람만 주면 됩니다. 줄 수 없는 사람은 합장 공양하면 됩니다.

한 집에서 밥 한 숟가락을 주는 것은 어렵지 않지요? 한 숟가락은 받는 사람도 부담스럽지 않습니다. '수바라'는 그런 의미입니다. 짜게 주면 짜게 먹고, 싱겁게 주면 싱겁게 먹고, 탄 것을 주면 탄 것을 먹습니다. '어떻게 주든지 주는 대로 먹어라.' 출가자들에게 '수바라'는 자신 때문에 다른 사람을 고통스럽게 하지 말라는 그런 뜻이 담겨 있는데, 일반 재가자들도 마찬가지입니다. 부인이 남편 일을 도와주는데 남편이 부인에게 잔소리가 너무 많으면 부인이 도망갑니다. 부인이 도망가지 않으면 매일 싸우겠지요? 재가자들도 주변 사람들이 자신에게 무엇을 해줄 때마다 그 사람들에게 고통을 주지 않게 항상 노력해야 합니다.

'수바라'가 없는 사람은 수행을 하지 못합니다. 아침부터 밤늦

게까지 하루 종일 자신이 어떻게 하고 있는지 생각해 보세요. 어떤 일을 할 때 까다롭지 않게 그냥 되는대로 참고 해야 합니다. 그것이 인내심입니다.

내 마음대로 다 되는 것이 어디 있습니까? 내 몸과 마음조차도 뜻대로 되지 않는데 다른 사람까지 내 뜻대로 할 수 없습니다. 더구나 출가자는 다른 사람이 해 주는 생계에 의지하고 있으면서 잘하느니, 못하느니 따지고 있으면 안 되겠지요? 주는 그대로, 있는 그대로 다 받아들이면서 그렇게 살아야 합니다. 그것이 '수바라'이고 그래야 수행을 잘할 수 있습니다.

(9) appakicco ca(압빠낏쪼 짜, 분주하지 않음)

'압빠(appa)'는 '적은, 조그만', '낏짜(kicca)'는 '일'이란 뜻으로 '압빠낏짜(appakicca)'는 '일이 적다' 즉 일을 많이 벌이지 않고 줄이는 것을 말합니다.

수행자로서 매일 세수하고 밥 먹고 양치질하고 대소변보고 청소하는 등 꼭 해야 하는 일은 해야겠지만, 굳이 하지 않아도 되는 심심해서 벌이는 일들이 있습니다. 일부러 벌이는 일들이 많아요. 수행자는 그런 일들을 다 잘라야 합니다. 일은 없을수록 좋습니다. 그래야 수행할 시간이 많고 수행 중이라면 집중이 쉽게 깨지지 않습니다. 만약 절을 예쁘게 인테리어한다고 분주하면 수행자는 도망가야 합니다. 출가자든 재가자든 모두 '압빠낏짜'가 되어야 합니다. 일이 많으면 안 됩니다.

일은 될수록 줄여야 됩니다. 그래야 수행할 기회가 많아지고 공부할 기회가 더 많아집니다. 출가자는 하루 한 끼만 먹고 세속적인 일을 줄이고 수행합니다. 재가자도 출가자만큼은 안 되더라도 비교적 내가 안 해도 되는 일들은 차차 줄여 나가면 됩니다.

어릴 때 읽은 책 구절이 있는데, 부처님 가르침은 아니고 일반인이 쓴 책[29]에 나오는 구절입니다. 우리가 일을 하다 보면 급한 일이 있고, 급하지 않고 여유 있게 해도 되는 일이 있고, 중요한 일이 있고, 중요하지 않은 일이 있습니다. 이렇게 볼 때 일의 종류를 크게 네 가지로 나누어 볼 수 있지요?

첫째, 중요하고 급한 일
둘째, 중요하지만 여유가 있는 일
셋째, 중요하지 않으면서 급한 일
넷째, 중요하지 않으면서 여유가 있는 일

이렇게 네 가지로 나누면 내가 어떤 일에 시간을 많이 쓰고 있느냐에 따라 그 사람의 삶이 완전히 달라진다고 볼 수 있습니다. 우리가 해야 하는 일을 선택할 때 가장 먼저 중요한 일을 기준으로 생각해야 하고, 그 다음에 급한지 또는 급하지 않은지를 생각해야 합니다. 어떤 때에 우리는 중요하지 않으면서 급한 일에 신경을 많이 쓰고 있습니다. 급한 일이라는 것은, 누가 전화를 하면 바로 받아야 한다든지 누가 오면 그 사람을 맞이해야 된다든지 하는 것입니다. 그렇게 여러 가지 일들로 시간을 보내게 되는데 문제는 그 일들이 별로 중요하지가 않습니다. 중요하지 않은 일

29 『성공하는 사람들의 7가지 습관』, 스티븐 코비 저.

이지만 급하긴 급해서 피할 수 없습니다.

중요하지 않으면서 급한 일에 시간을 많이 쓰는 사람은 진짜 손해 보는 사람입니다. 여유가 있지만 중요한 일에 시간을 많이 쓰는 사람이 아주 이익이 많은 사람입니다. 시간적 여유가 있어서 조금 천천히 해도 되지만, 거시적으로 보면 아주 중요한 일이기 때문에 시간을 많이 써야 하는데 문제는 사람들이 그런 일을 잘 하지 않습니다. 내일 해도 된다. 아니면 모레 하지. 내년에 하지…… 이렇게 미루면서 결국 안 하게 됩니다.

수행도 마찬가지입니다. 수행하는 것은 매우 중요합니다. 그런데 재가자들은 어떻게 생각합니까? "아! 괜찮아. 내일 해도 돼. 모레 해도 돼. 내년에 해도 돼." 그러면서 수행을 해 보지도 못하고 죽습니다.

그래서 중요하지만 여유 있는 일에 특별히 주의를 기울여야 합니다. 거의 대부분의 사람들이 중요하고 여유 있는 일을 잊어버립니다. 그래서 부처님께서 열반에 드시기 직전까지 "잊지 마라!"라고 당부하셨습니다. '중요하고 여유 있는 일'을 절대로 잊으면 안 됩니다. 그것을 계속 머릿속에 두고 눈을 딴 곳으로 돌리면 안 됩니다. 수행자는 해탈이라는 목표로부터 눈을 다른 곳으로 돌리면 안 됩니다. 그 목표를 놓쳐 버리면 중요하지 않으면서 급한 일에 계속 시간을 보내게 됩니다. 그렇게 시간을 보내다가 정신을 차려 보면 그때는 이미 때가 늦어 버립니다.

저는 '압빠낏짜'를 이야기할 때, 항상 제가 열아홉 살 때 읽은 이 책 이야기가 생각납니다. 이 책 핵심 내용이 그것입니다. 대부분 책 내용을 잊어버렸지만 이 네 가지 구절만은 기억하고 있어요. 열아홉 살에 "아! 중요하고 여유가 있는 일을 놓치지 않게 주의해야겠다."라고 많이 생각하였습니다. 일이 중요한지, 중요하지 않은지 모르면 급한 일을 먼저 하게 되는데, 그러다 보면 중요하지 않으면서 급한 일을 하는 데 시간을 많이 보내게 됩니다. 그렇게 되지 않도록 조심해야 합니다.

그것과 관련된 이야기가 하나 더 있습니다. 『Learn how to say no』라는 책이 있어요. learn 공부해라, how to say no. 노(no)라고 어떻게 말할까? 다른 사람에게 거절할 때 어떻게 거절할까? 그런 것을 공부하라는 내용입니다. 노(no)를 못해서 시간을 무의미하게 허비하는 경우가 있습니다. 무슨 일이 있을 때 노(no)라고 못하여 시간만 보내고 정작 자신이 해야 할 일을 못합니다. 그런 사람은 진짜 손해 보는 것입니다. 저는 이 책을 읽고 그 다음부터 미안한 것 없이 노(no)를 잘 하게 되었습니다. 자신의 철학과 맞지 않으면 'No!' 안 되면 'No!' 그렇게 하니까 사실 편하기는 하지만, 이때 말을 제대로 못하면 문제가 생깁니다. 부모 자식 간에 또는 남매 형제 간이라도 노(no)를 잘못 하면 차차 멀어지게 됩니다. 그래서 노(no)를 잘 해야 합니다.

거절할 때 어떻게 거절할까? 사람들의 마음을 아프지 않게, 상처받지 않게 거절해야 합니다. 나를 미워하지 않고 이해하고 받아들일 수 있게 하는 방법을 찾아야 합니다. 『Learn how to say no』라는 책에서처럼 노(no)를 잘 해야 더불어 잘 살게 된다는 뜻입니다.

'압빠낏짜'는 그렇게 지혜롭고 부드럽게 노(no)를 잘 하면서 중요하지 않은 번거로운 일들을 줄이고 수행해야 한다는 말입니다. 스님은 열아홉 살 때 그런 생각을 많이 했는데 그때는 친구들이 떠나는 등 조금 섭섭한 일들이 많이 있었어요. 하지만 시간이 지나니까 편해지고 내가 가야 할 길이 분명해졌습니다. 나와 뜻이 맞지 않는 사람은 별로 만나지 않게 되고 쓸데없는 일에 시간을 많이 보내지 않게 되었습니다. 앞에서 언급하였던 '네 가지 부류의 일'과 'Learn how to say no'는 아주 중요한 말입니다. 시간이 지나 보니 매우 맞는 말입니다.

부처님 말씀에 '압빠낏짜'의 핵심은 '일을 줄여라! 안 해도 되는 일을 적게 하라!'입니다. 일을 적게 하라는 것은 일을 게을리하는 것을 의미하지 않습니다. 쓸데없는 일을 줄이는 대신 내가 설정한 목적을 달성하기 위해서 엄청나게 노력해야 한다는 말입니다. '앞으로 세 걸음 나가기 위해 뒤로 한 걸음 물러서다'라는 말이 있습니다. 한국에도 그런 속담이 있지요? 세 걸음 나가기 위해서 뒤로 한 걸음 물러서라는 말은 힘을 모으라는 것입니다. 뒤로 한 걸음 물러서는 것은 앞으로 가려고 힘을 비축하는 것입니다.

마찬가지로 '압빠낏짜'라고 할 때 일을 많이 줄이라는 것은 게으르게 살라, 일 안 하고 그냥 놀면서 살라는 의미가 아니고, 중요하지 않은 일을 많이 줄이면서 내가 설정한 목적을 이루기 위해 거기에 힘을 오롯이 쏟아 부으라는 그런 의미입니다. 다시 말하면 자애수행을 하기 위해서 중요하지 않은 일들을 많이 줄이라는 말입니다. 하루 세 끼를 한 끼로 줄이고 사람 만나는 것도 줄이고 수다 떠는 것도 줄이고, 이렇게 중요하지 않은 일들을 줄이면서 자애수행을 많이 하라는 말입니다.

(10) sallahukavutti(살라후까웃띠, 간소한 생활)

'살라후까웃띠(sallahukavutti)'는 '간소하고 가볍게 사는 것'을 말합니다. '살라후(sallahu)', 가볍다는 것은 여기저기로 쉽게 움직이고 매이지 않고 자유롭다는 의미입니다. 살라후(sallahu)', 가볍다고 이야기할 때 주로 예를 드는 경우가 날아가는 새입니다.

새가 날아갈 때 "내 가방 어디 있지? 내 휴대폰 어디 있지?" 이런 것 없습니다. 새가 날아가면서 가방이나 휴대폰 챙기는 거 봤습니까? 그냥 훌쩍 날아가 버리고 맙니다. 뒤돌아보지 않습니다. 이와 같이 새처럼 가볍게 살고 걸림 없이 사는 것이 '살라후까웃띠'의 삶입니다.

부처님께서는 스님들에게 여덟 가지 필수품으로 살라고 말씀하셨습니다. 그 여덟 가지가 무엇입니까? 윗가사, 아랫가사, 겉가사, 끈(허리 띠 같은 것), 칼, 바늘, 실 그리고 필터(거름망)입니다. 이것이 스님들의 필수품입니다.

옛날에는 정수기가 없었습니다. 그래서 길을 가다가 스님들은 목이 마르면 강이나 계곡에서 물을 마시거나 우물이 있으면 우물물을 마셨습니다. 그때 물을 걸러서 먹어야 하는데 걸러 마시기 위해 필터(거름망)를 가지고 다녔습니다.

또 옛날에는 가사를 스님들이 직접 만들어 입었습니다. 가사 만드는 솜씨가 좋은 스님도 있고 그렇지 않은 스님도 있었겠지요? 사람들이 버린 옷들을 모아서 칼로 네모나게 잘라 바늘로 기운 후 마지막에 나무껍질을 우려낸 물로 염색해서 가사를 만들었습니다. 천은 속옷, 겉옷, 시체를 싸는 천 등 여러 가지였습니다. 그때는 가위가 없어서 칼로 잘랐습니다. 머리카락도, 헌옷도 칼로 잘랐습니다.

발우 안에 거름망, 칼, 바늘, 실이 들어가지요. 그래서 그 여덟 가지가 한 세트입니다. 가사를 걸치고 발우를 들고 일어서면 끝입니다. 새처럼 뒤에 남는 것이 없습니다. 돌아볼 것이 없습니다. 부처님께서도 여러 절들이 있었지만 발우 하나 들고 나가면 끝이었습니다. 아무것도 더 챙길 것이 없습니다. 발우 하나로 가는 것이 '살라후까웃띠'입니다.

이와 관련된 이야기가 있습니다. 두 친구가 함께 출가를 했습니다. 한 스님은 아주 깊은 숲속에서 살고, 또 한 스님은 도시에서 살았습니다. 몇 년 후 숲속 스님이 도시 스님을 만나러 왔습니다. 도시 스님을 보고 숲속 스님이 말했습니다.

"스님, 이렇게 살면 안 됩니다. 출가한 이유가 무엇입니까? 이렇게 복잡하게 살려면 처음부터 출가하지 말았어야죠! 도시에서 이렇게 복잡하게 살지 말고 우리 산속으로 같이 갑시다. 내가 사는 곳은 조용하고 좋습니다."

그렇게 이야기하면서 하룻밤을 같이 지냈습니다. 도시 스님도, "그래요, 스님 말이 맞아요. 제가 스님 따라 같이 가겠습니다."라고 했습니다. 다음 날 두 스님이 탁발하러 갔습니다. 이해하기 쉽게 예를 들어, 도시 스님의 절이 해운대 쪽이면 사상 쪽으로 탁발하러 갔습니다. 사상 쪽으로 탁발 가서 거기 마을회관에서 식사했습니다. 같이 가기로 한 숲은 김해 쪽에 있다고 칩시다. 그러면 탁발 후 해운대 쪽으로 다시 돌아올 필요가 없지요? 그래서 탁발 공양을 마친 후 도시 스님이 일어나 숲 방향으로 갔습니다.

그때 숲속 스님이 "스님, 어디 가요? 지금 숲으로 바로 가려고 합니까? 내가 스님 사는 절에 약병을 두고 왔는데, 돌아가서 그것을 챙겨서 갑시다."라고 하였습니다. 그러자 도시 스님이 "그럼 스님 혼자 가세요. 저는 같이 안 가겠습니다." 하고 혼자 가 버렸습니다.

이 이야기는 어디 사는 것이 중요한 게 아니고 마음이 중요하다는 것을 강조하고 있습니다. 숲속 스님이 도시 스님에게 간단하게 살라고 충고하면서 정작 자신은 자기 물건이 뒤에 남아 있다고 되돌아가려고 합니다. 그러나 도시 스님은 되돌아가지 않습니다. 여기서 탁발하고 바로 숲속으로 갑니다. 도시 스님은 자기 절을 떠나갈 때부터 일이 끝났습니다. 남은 일이 없습니다. 그렇게 되어야 됩니다. 이것은 마음의 이야기입니다.

어떤 사람이 "아! 스님 부럽습니다. 제가 조금만 일찍 알았더라면 저도 출가했을 겁니다."라고 하면 제가 항상 하는 이야기가 있습니다. 인도의 라마크리슈나가 한 이야기입니다. 다른 사람을 비하하고 욕하는 말이 아니고 자랑하는 것도 아니고 인간의 심리를 이해하려고 하는 말입니다.

결혼한 두 자매가 있었는데, 언니가 동생을 많이 챙겼습니다. 언니는 동생에게 안 좋은 일이 있다고 들으면 자기 집으로 와서 울고불고 했습니다.

그날도 언니 남편이 집에 돌아오니 부인이 울고 있는 것입니다. "부인, 왜 울고 있소?" "여동생이 남편을 잘 모시지 않고 자주 싸웁니다. 그런데 지금 동생 남편이 동생을 버리고 출가한다고 합니다. 동생이 남편에게 버림받는 여자가 될까 걱정이 되어서 울고 있습니다." 부인이 그렇게 말하니까, 남편이 "아, 그랬구료. 그럼 걱정하지 마시오. 살다보면 한 번씩 그런 일이 있다오." 하고 위로하였는데, 그런 일이 자주 생기는 것입니다.

어느 날 언니가 또 울고 있으니까 언니 남편이 하는 말이, "걱정하지 마시오. 동생 남편은 출가를 못할 것이오." 그러자 언니가 화가 났습니다. 언니 남편은 자기 일에 집중해서 열심히 일하는 사람이고 또 평소 자기 말을 잘 들어주는 사람인데 그날은 자기 말에 동의해 주지 않고 동생 남편은 출가 안 한다고 딱 잘라 말하니 섭섭해서 화가 난 것입니다.

부인이 "왜 출가 안 하겠어요? 당신이 그것을 어떻게 알아요? 그런 사람이 출가 안 하면 어떤 사람이 출가하겠습니까?"라고 화내면서 말하니까 남편이 하는 말이 "나 같은 사람이 출가하지." 하고는 그날부터 나가서는 죽을 때까지 돌아오지 않았답니다. 언니는 동생을 걱정하고 있었는데, 자기가 오히려 남편에게 버림받게 되었습니다.

사람 마음이라는 것이 그렇습니다. 계속 큰소리 치고 있는 사람은 무섭지 않습니다. "나는 너를 버리고 출가하겠다."라고 말로만 큰소리치는 사람은 버리고 가지 않습니다. 버리고 가는 사람은 말없이 확 가버립니다. 이렇게 언니 남편이 언니를 버리고 가버린 것입니다. 진짜로 하는 사람은 그런 사람입니다. 사람의 심리를 그렇게 이해해야 합니다.

앞에서 말한 두 스님도, 한 스님은 단지 숲속에 산다고 잘난 척하면서 도시에 사는 스님을 무시하지만, 도시 스님은 마음을 딱 잘라 간다 하면 뒤돌아보지 않았습니다. 도시 스님은 자기 절이 있지만 탁발하러 나갈 때 바로 떠날 준비가 되어 뒤늦게 챙기는 것이 하나도 없습니다. 숲속 스님은 절도 없는데 챙기는 것들이 많았습니다. 숲속 스님은 다리가 아플 때 바르는 뜨거운 기름약 병이 도시 스님 절에 있다고 그것을 챙기고 싶었던 것입니다. 그런 번거로운 숲속 스님을 보고 도시 스님은 같이 가지 않고 혼자 떠납니다.

'살라후까웃띠!', 가볍게 산다. 수행자는 가볍고 자유로워야 수행을 잘할 수 있습니다.

Santindriyo ca nipako ca, appagabbho kulesu ananugiddho

(산띤드리요 짜 니빠꼬 짜 압빠갑보 꿀레수 아나누깃도)

고요한 감관을 가지고 성숙한 지혜가 있어야 하고 무례하고 거칠지 않으며 사람과 신도들에게 집착하지 않습니다.

[해설]

(11) Santindriyoca(산띤드리요짜, 고요하고 평화로운 감관)

'산띤드리요(santindriyo)'는 '산따(santa)'와 '인드리야(indriya)' 두 단어의 합성어입니다. '산따'는 '평화로운, 고요한', '인드리야'는 '눈·귀·코·혀·몸·마음'의 여섯 감각 기관을 뜻합니다. '산띤드리요'는 여섯 감각기관이 고요하고 평화로워야 한다는 말입니다.

여섯 감각기관이 고요하고 평화롭다는 말이 무엇인가요?

눈으로 형상을 볼 때 항상 눈을 챙기며 봅니다. 눈이 평화롭다는 말은 욕심나는 대상을 보고도 욕심내지 않고, 화나는 대상을 보고도 화내지 않고, 어떤 대상을 보든 불선업이 되지 않게끔 눈을 조심스레 지키는 것을 말합니다.

귀로 소리를 들을 때에도 좋은 소리는 계속 듣고 싶어 하고, 싫은 소리는 듣기 싫어서 화까지 내면서 싫은 소리 내는 사람이나 사물까지 미워하게 되는데, 그렇게 하지 않고 항상 귀를 평온하게 지키는 것입니다. '사띠빳타나(satipaṭṭhāna, 사념처)'[30] 수행을 잘 해야 합니다. 소리가 들리면 들음에 '사띠'를 둡니다. '들림, 들림, 들림……' 그러면 귀가 조용해집니다. 귀가 조용하지 않으면 귀를 통해서 어리석음, 욕심, 화, 자만, 질투, 시기가 일어납니다. 그러나 수행을 하면 좋은 소리든 좋지 않은 소리든 마음이 흔들리지 않고 평온을 유지할 수 있습니다.

몸도 마찬가지로 그렇게 챙기는 것입니다. 걷거나 이야기할 때에도 항상 몸을 조심스럽고 얌전하게 하는 것이 '산띤드리요'의 의미입니다. 특히, 스님들은 행주좌와에서 항상 몸을 챙겨야 하고 여섯 감각기관의 모습을 평화롭게 가져야 합니다. 평화로운 모습이란 폼 잡는 것이 아니고 수행하는 것을 말합니다. 눈·귀·코·혀·몸을 챙기고 마음도 챙기고, 그렇게 여섯 감각기관을 챙기는 것이 '산띤드리요'입니다. 평화로운 여섯 감각기관이 되어야 수행을 잘 할 수 있습니다.

(12) nipako ca(니빠꼬 짜, 성숙한 지혜)

'니빠까(nipaka)'는 '익은' 이라는 뜻으로, 사람이 익었다는 말은

---

30 사띠빳타나(satipaṭṭhāna) : 사띠-마음챙김, 잊지 않음, 빠(혹은 우빠)-확실하게, 가까이에 딱 붙어서, 타나-장소, 신수심법이라는 대상에, 즉 사념처 수행을 말함.

지혜가 성숙하다는 말입니다. 지혜가 여러 가지 있겠지만 여기서는 경험을 통해서 사람이 차차 성숙해 가는 것을 말합니다. 다섯 살 어린이가 여섯 살이 되면 달라지고 일곱 살이 되면 또 달라집니다. 청소년이 되고, 성인이 되고 40세, 50세가 되면 살아온 경험만큼 지혜가 달라집니다. '니빠꼬(nipako)'는 이렇게 차차 익어가면서 달라지는 것이므로 '니빠까'가 있어야 수행한다고 말할 수 있습니다.

'니빠까'가 있는 수행자는 경험이 많으므로 어떤 곳에서 수행을 하면 좋은지 아는 지혜가 있습니다. 자신과 맞는 수행처를 알고 수행처 내에서 알맞은 자리를 선택해서 편안하고 행복하게 수행합니다. 또 자신의 생활권을 지혜롭게 잘 만들어 갑니다.

수행한다고 하면서 자신의 평소 생활이 수행할 수 없는 상황이면 수행이 안 됩니다. 매일 가는 곳이 어딘지, 어떤 자리에서 많은 시간을 보내는지, 이런 일상생활을 지혜롭게 잘 써야 합니다. 평소 누구를 만나는지도 중요합니다. 여러분들이 담마야나 선원에 오면 수행에 관심 있는 분들과 수행하는 분들이 서로 만나게 되지요? 그런 것을 말합니다. 신심과 노력이 있는 지혜로운 사람들을 만나야 합니다. 그래야 서로 수행에 발전이 있습니다.

만약 수행에 도움이 되지 않는 사람을 계속 만나면 수행을 잘 못하게 됩니다. 지혜는 언제, 어디서, 누구와, 무엇을, 어떻게 해야 하는지 아는 것임을 말하고 싶습니다. 수행할 때 수행센터와 도반도 중요하지만 지도 스승도 잘 만나야 합니다. 지도 스승을 통해 계율, 신심, 집중력이 좋아지고 또 심리 변화가 있고 지혜 계발이 되어야 합니다. 그렇게 지혜가 향상되면 쫓아내어도 가지 말아야 하고, 지혜 계발이 되지 않으면 붙잡아도 뿌리치고 다른 곳으로 가야 합니다.

먹는 것도 잘 알아야 합니다. 지금까지 많이 먹어 보았기 때문에 자신에게 맞는 음식의 종류와 양을 잘 알지요? 그렇게 지혜롭게 먹어야 합니다.

기후도 잘 알아야 합니다. 어떤 기후와 온도에서 내 몸이 편안한지 알아야 합니다. 기후에 대해 몰라서 문제가 생기는 경우가 많습니다. 온도를 잘 맞추어 주어야 합니다. 건강 상태가 좋지 않으면 수행은커녕 낭비하는 시간이 많습니다. 한 시간 앉아 있어도 제대로 수행이 안 됩니다.

행주좌와 자세도 잘 선택해서 수행해야 합니다. 지금 자신의 상태가 행선이 필요하다면 행선을 해야 되고, 좌선이 필요하다면 좌선을 해야 합니다. 수행센터에 가면 한 시간 좌선하고 한 시간 행선하도록 스케줄을 짜 놓았는데, 그것은 꼭 그렇게 지켜야 하는 것은 아닙니다. 그것은 수행지도법이 아니고 사람들을 관리하는 방법입니다. 선원에 사람들이 많으니까 어쩔 수 없이 정해 놓은 규율입니다. 관리가 안 되면 수행센터가 혼란스럽고 어지러워서 서로에게 방해가 되므로 그런 것을 막기 위한 것입니다. 처음 훈련 받을 때는 정해진 규율에 따라서 하지만 수행하는 방법을 알게 되면 자신의 몸 상태를 보고 좌선이 필요할 때 좌선을 하고 행선이 필요할 때 행선을 해야 합니다. 누워서 해야 할 때에는 누워서 해야 합니다. 그렇게 상황에 따라서 요구되는 자세를 아는 지혜가 필요합니다.

'니빠까'라는 지혜는 특히 수행에서 많이 이야기하지만 재가자의 일반적인 일에도 필요합니다. 그것은 여러분들이 저보다 더 많이 아시지요? 이렇게 자신이 했던 일들 속에서 경험이 많아지면서 지혜가 생기는 것을 '니빠까'라고 합니다. '니빠까'는 수행장소, 기후, 음식과 몸 상태에 따른 자세(좌선, 행선, 와선, 주선), 도반과 지도자에 대해서 잘 아는 지혜를 말하는데, 수행자는 자신의 수행을 망치는 상황을 피하고 지혜가 계발되도록 하는 솜씨를 키워야 합니다. 그 솜씨를 키우기 위해서 순간순간 판단을 잘 해야 하는데, 그 기준이 '삿타까 삼빳잔냐(satthaka sampajjañña)'와 '삽빠야 삼빳잔냐(sappāya sampajjañña)'입니다.

'삿타까 삼빳잔냐'는 이익이 있는지 없는지 아는 지혜이고, '삽빠야 삼빳잔냐'는 적합한지 적합하지 않은지 아는 지혜입니다. 무슨 일을 할 때마다, 무슨 말을 할 때마다 이익이 있는지 없는지 알고, 적당한지 적당하지 않은지 알고 해야 합니다. 나의 이익과 남의 이익, 이번 생의 이익과 다음 생의 이익을 항상 알고 하는 것이 '삿타까 삼빳잔냐 니빠까'입니다. '삿타까'의 '앗타'는 이익, '까'는 있다, '앗타까'는 이익이 있다는 말입니다.

이익이 있더라도 적당한지 적당하지 않은지를 살펴야 합니다. 이익은 있는데, 지금 해도 되는지 때를 잘 봐야 합니다. 또 어떻게 하면 될지 그 방법을 잘 봐야 합니다. 때와 상황에 따라 이런 방법 저런 방법을 사용하는 스킬이 있는 것이 '삽빠야 삼빳잔냐 니빠까'입니다.

이익이 있지만 적당하지 않으면 해서는 안 됩니다. 첫째는 이익을 생각하고(삿타까 삼빳잔냐) 둘째는 적당한지 적당하지 않은지 생각합니다(삽빠야 삼빳잔냐). 그리고 이 두 가지를 철저히 알기 위해서 '고짜라 삼빳잔냐'와 '아삼모하 삼빳잔냐'를 갖추어야 합니다. '고짜라 삼빳잔냐(gocara sampajjañña)'는 마음이 돌아다니는 곳을 챙기는 지혜, 즉 대상을 챙기는 지혜입니다. '아삼모하 삼빳잔냐(asammoha sampajjañña)'는 항상 깨어 있으면서 어리석음이 없는 분명한 앎의 지혜입니다.

'고짜라 삼빳잔냐'는 자신의 마음이 항상 돌아다니는 영역을 챙기는 수행을 한다는 것입니다. 마음이 마음을 항상 챙기고 있어야 합니다. 마음을 항상 챙기고 있을 때 '삿타까 삼빳잔냐'와 '삽빠야 삼빳잔냐'가 생깁니다. '아, 이것은 이익이 없다. 지금 하면 안 된다.' 혹은 '아, 이것은 이익이 있다. 그러나 이렇게 하면 안 되고 저렇게 해야 한다.' 이런 지혜가 순간순간 바로 나와야 합니다. 한참 생각한 후에 하면 기회를 놓치게 됩니다. 기회가 있을 때 바로 해야 되는데 그때 지혜가 나지 않으면 그것이 문제이지요. 그래서 이익이 있는지 없는지, 적당한지 적당하지 않은지 바로 나오는 것이 '딴까노빠띠' 지혜입니다. '딴까노'는 '그 순간에', '우빠띠'는 '생긴다'는 뜻입니다. '딴까노빠띠'가 생기려면 그 전부터 내가 키우는 방법이 있어야 합니다. 키우는 방법은 마음을 항상 챙기는 것 즉 '사띠'입니다. 사띠로 마음을 챙기고 있으면 '고짜라 삼빳잔냐'가 되고 그러면 '아삼모하 삼빳잔냐'가 생겨서 항상 깨어 있고 확실하게 아는 앎이 있게 됩니다.

'고짜라'는 소가 돌아다니면서 사는 영역이라는 말인데, 사람 마음이 항상 일하고 있는 영역이라고 알면 됩니다. 예를 들면 사념처 수행이라면 자신의 마음이 몸, 느낌, 마음, 법에만 있게 하는 것입니다. 자애수행이라면 자애 대상에만 마음이 있게끔 하고 부처님 공덕을 암송하는 사마타 수행이라면 부처님 공덕에만 마음이 있게끔 합니다. 그렇게 하면 자신의 마음이 '아삼모하'가 됩니다.

'고짜라'가 좋으면 '아삼모하'라는 확실한 앎이 생깁니다. 부처님 공덕을 암송하면 부처님 공덕을 확실하게 알게 되고 자애수행을 하면 자애마음이 확실하게 됩니다. 사념처 수행이라면 몸, 느낌, 마음, 법을 확실하게 알고 있습니다. 확실한 앎이 있으면 무슨 일이 발생할 때 그 일이 이익이 있는지 없는지, 적당한지 적당하지 않은지를 아는 지혜가 바로 나타납니다. 그것이 '니빠까'의 의미입니다.

(13) appagabbho(압빠갑보, 무례하고 거칠지 않은, 겸손한)

'압빠갑보(appagabbho)'는 무례하고 거칠지 않다는 뜻으로 예의가 매우 바르다 혹은 겸손하다는 말입니다. 거칠다는 것은 몸으로, 입으로, 마음으로 거친 세 가지가 있습니다.

몸으로 거칠다는 것은 앉아 있는 모습이나 이야기하는 모습이 예의가 없다는 것입니다. 청정한 사람은 이야기할 때 몸을 잘 챙기고 있습니다. 손과 발을 마구 흔들면서 이야기하지 않습니다. 몸가짐을 조용하게 하면서 말합니다. 그런 태도를 예의를 갖춘 행동이라고 합니다.

입으로 거칠다는 것은 스님들은 자신보다 법랍이 높은 스님이 있으면 나서서 법회하면 안 됩니다. 하려면 허락을 받아야 합니다. 이것은 계율에도 있습니다. 자신보다 법랍이 높은 스님이 있는데, 자신이 나서서 법문을 하면 그것이 거칠다는 것입니다. 질문을 받을 때 대답하는 것도 마찬가지입니다. 스님께서 세 분 앉아 계시는데, 누군가 와서 질문을 하면 대답할 수 있는 권한이 일단 법랍이 가장 높은 큰스님께 있습니다. 큰스님께서 허락해야 대답할 수 있습니다. 큰스님께서 "스님! 대답하세요."라고 말하지 않으면 대답해서는 안 됩니다. 아니면 "스님! 제가 대답할까요?"라고 물어야 합니다. 그래서 "대답하세요."라고 허락하면 대답해야 합니다. 그런 절차 없이 대답하는 것이 거칠다는 뜻입니다. 자리를 잡을 때도 법랍이 높은 순서대로 앉아야 합니다. 순서에 맞지 않게 앉는 것이 거칠다는 것입니다. 자기보다 법랍이 높은 사람이 있는데, 자기가 위에 앉아 있으면 거친 행동입니다. 이렇게 여러 가지로 행동과 말을 겸손하고 예의에 맞게 하는 것이 '압빠갑보'의 의미입니다.

생각도 마찬가지입니다. 자기보다 여러 가지 면에서 공부가 높은 사람, 즉 계·정·혜가 높은 사람을 자기와 똑같다고 생각하는 것은 예의가 바르지 않은 생각입니다. 그 사람을 존경하지 않는 것이지요. 그것을 마음으로 거칠다고 하는 것입니다.

이렇게 몸과 말과 마음으로 거친 것이 있으면 자애마음이 생기지 않습니다. 자애마음이 없으면 다른 수행도 잘 안 됩니다. 그래서 스스로 몸과 마음을 잘 교육시키고 훈련시키면서 고쳐 가야 합니다.

부처님께서는 배우지 않고 훈련하지 않고 좋아지는 사람은 아무도 없다고 하셨습니다. 어떤 사람은 이런 사실이 있다는 것도 모르고 있습니다. 알아야 실천할 수 있습니다. 그래서 부처님께서 이런 진리를 알게 하기 위해서 자세히 가르쳐 주셨습니다.

'압빠갑보'가 그런 말입니다. 자기보다 훌륭한 사람이 있는데, 몸을 탁 치면서 지나가고, 걸어갈 때에도 앞서서 가고, 앉아 있을 때도 무릎을 세우고 앉아 있는 것, 거칠고 좋지 않은 자세입니다.

한국의 전통 사진을 보면 한복 입고 한쪽 무릎을 세우고 앉아 있는 모습이 있습니다. 그것은 인도 문화로 보면 예의에 어긋납니다. 그것은 문화적 차이이기 때문에 딱히 맞다, 틀리다고 할 수는 없습니다.

스리랑카에서는 스님들이 법문할 때, 여자들이 다리를 스님들 쪽으로 쭉 펴고 앉아 있습니다. 미얀마에서는 아주 큰일 날 자세입니다. 스리랑카와 미얀마가 반대입니다. 그래서 미얀마 스님들이 스리랑카에 가서 법문할 때 법문해야 할지, 말아야 할지 진짜 머리가 아픕니다. 미얀마는 그렇게 앉아 있으면 완전히 계율에 어긋나기 때문에 법문을 하면 안 됩니다.

미얀마에서 아주 유명한 스님이 계셨습니다. 옛날에는 왕이 스님을 모셔가서 공양을 올리고 하였습니다. 어느 날 왕이 큰스님을 모시고 공양을 올리는데, 그럴 때마다 항상 삼귀의하고 오계를 받고 법문을 듣고 하는 것이 미얀마의 풍습입니다. 평민도 스님을 집에서 모실 때 그렇게 합니다.

그렇게 왕궁에서 큰스님을 모시고 공양을 올리고 삼귀의와 오계를 받는데, 큰스님께서 한마디 말도 하지 않고 가만히 계셨습니다. 큰스님이 아무 말도 안 하시니까 똑똑한 왕비가 무슨 일인가 하고 살펴보았습니다. 그런데 왕이 방금 식사하고 배가 부르니 옆에 있는 베개를 잡고 있는 것입니다. 미얀마에는 왕과 스님들이 휴식을 취할 때 쓰는 베개가 있습니다. 삼각형으로 생긴 것인데 큰스님께서는 왕이 그것을 손에 들고 있는 모습을 보고 말을 안 하고 가만히 계셨던 것입니다. 그래서 왕비가 왕이 잡은 베개를 빼고 합장을 하니까 그제서야 큰스님께서 법문을 시작하셨습니다. 왕이기 때문에 일부러 가르치는 것입니다. 왕부터 제대로 예의를 지키지 않으면 아랫사람들도 다 망가지게 됩니다.

부처님 가르침이 사라지는 이유가 여러 가지가 있는데, 『앙굿따라 니까야』에서 부처님을 존경하지 않고 법을 존경하지 않고 승가를 존경하지 않으면 부처님의 가르침이 사라진다고 하였습니다. 또 비구는 비구의 계율을, 비구니는 비구니의 계율을, 재가자는 재가자의 계율을 지키지 않으면 부처님 가르침이 사라지고 또한 서로 존중하지 않아도 부처님 가르침이 사라진다고 하셨습니다.

부처님을 존경하지 않는다는 것은, 예를 들면 불상 앞에서 이상한 말과 행동을 하는 것을 말합니다. 하고 싶은 대로 행동하면 불상을 부처님으로 생각하지 않는 것이지요. 살아 계시는 부처님 앞에서는 그렇게 안 하겠지요? 불상은 부처님이 아니라고 생각하기 때문에, 그 앞에서 춤추고 노래하고 욕하기도 합니다. 그것은 부처님을 무시하는 것과 같기 때문에 차라리 불상을 모시지 않는 것이 낫겠지요? 불상이지만 부처님처럼 존경한다면 그 공덕은 똑같습니다. 불상을 모신다면 진짜 살아 계시는 부처님이 앞에 계신다는 마음으로 모셔야 공덕이 큰데, 그렇지 않으면 부처님을 무시하는 것과 같다고 볼 수 있습니다.

법을 존경하지 않는다는 것도 여러 가지입니다. 법을 따르지 않고 법을 마음대로 고치고 바꾸는 것이 법을 존경하지 않는 것입니다.

승가도 마찬가지입니다. 승가의 가치를 모르면 승가가 많이 망가지게 됩니다. 깨달은 승가는 말할 필요도 없이 법대로 살지만, 깨닫지 못한 스님들은 사람들이 존경하지 않으면 자기들 마음대로 살게 됩니다. 사람들의 존경을 받으면 많이 조심하게 됩니다. 조심스럽게 '아! 내가 열심히 살아야지' '내가 열심히 수행해야지.' 이렇게 됩니다. 그렇게 부처님 가르침을 열심히 공부하게 되고 열심히 이끌어 가게 됩니다. 또 비구는 비구끼리, 비구니는 비구니끼리, 신도는 신도끼리 서로 존경하지 않고 무시하면 부처님 가르침이 망가지게 되는 것입니다.

'압빠갑보'가 그런 뜻입니다. 훌륭한 사람을 존경하는 사람은 거친 행동, 거친 말, 거친 생각을 하지 않습니다. 거친 생각을 하는 사람은 남을 존중하지 않고 무시하는 마음이 많습니다. 거칠다고 할 때에는 마음을 많이 봐야 합니다. 몸은 습관이 되어서 거칠게 해도 의도는 그렇게 나쁘지 않은 경우가 있습니다. 자기를 키운 부모가 거칠고 형제, 자매 등 같이 지내는 사람들이 거칠어서 알게 모르게 자신도 거칠게 됩니다. 그렇게 외적으로 거친 모습도 고쳐 가야겠지만 의도를 가지고 거칠게 하는 것은 잘못이 매우 크다고 볼 수 있습니다. 또 그런 마음을 가지면 자애수행이 되지 않습니다. 그래서 부처님께서 '압빠갑보' 즉 겸손하고 예의가 바르게 되어야 한다고 말씀하셨습니다.

(14) kulesu ananugiddho(꿀레수 아나누깃도, 사람에게 집착하지 않음)

'꿀레수 아나누깃도(kulesu ananugiddho)', '꿀라'는 친족, 민족의 뜻이며 꿀레수는 '친인척에게, 신도들에게', '아나누깃도'는 탐욕이 없는, 탐욕스럽지 않다는 뜻으로서 '꿀레수 아나누깃도'는 신도에게 욕심내지 않는다는 말입니다.

이것은 스님들은 신도들에게 애착하고 집착하지 말라는 말입니다. 출가자로서 신도들에게 집착이 많으면 출가한 의미가 떨어집니다. 출가자는 애착을 버리려고 결혼을 하지 않는데, 신도에게 집착해서 무엇을 하려는 것입니까? 만일 그렇다면 진짜 손해입니다.

스님은 출가자로서 신도들에게 항상 자애를 베풀고 사람들을 위해서 선업의 대상이 되어야 합니다. 사람들에게 스님만 봐도, 목소리만 들어도 선업 마음이 되도록 하고 착한 일을 하도록 하고, 무슨 이야기를 하여도 선업이 되도록 해야 합니다. 또 바르고 좋은 가르침을 전달해야 합니다. 스님은 신도들에게 선업의 씨앗을 심을 수 있는 논밭이 되어야 합니다. 좋은 씨앗으로 열심히 시간과 노력을 투자하여 농사를 짓습니다. 한 달, 두 달, 일 년을 기다리는데 농사가 잘 되지 않습니다. 그것은 땅이 좋지 않기 때문입니다.

그러면 무엇을 어떻게 해야 합니까?

첫째, 스님으로서 계·정·혜를 열심히 닦아야 합니다. 스님이 계·정·혜를 열심히 닦으면 스님과 인연이 되는 신도들이 모두 공덕이 커집니다.

둘째, 신도들에게 법문을 해주어야 합니다.

이 두 가지가 스님들이 신도들에게 해 주어야 하는 일입니다. 이 두 가지 외에 다른 것은 일체 관계하지 않는 것이 좋습니다. 이 두 가지 외에는 되도록 신도들과 멀리 사는 것이 좋고 교제를 하지 않는 것이 좋습니다. 교제하면 계율이 나빠지고 청정함이 사라집니다. 신도들은 자신이 모시는 스님이 그렇게 살도록 도와주어야 합니다.

신도로서 스님을 볼 때에도 스님들의 계·정·혜만 보아야 합니다. 스님들이 계율을 지키는지 지키지 않는지, 집중이 좋은지 좋지 않은지, 수행하는지 하지 않는지, 지혜로운지 지혜롭지 않은지, 계·정·혜의 가치를 보고 모셔야 합니다. '스님이 나를 도와주었다. 스님 덕분에 내가 좋아졌다. 스님 덕분에 내가 돈이 생겼다.' 이런 것을 보고 스님을 모시면 안 됩니다. 그것은 스님의 가치가 아닙니다.

'가하 뭇따(gāha-mutta)', '뭇따 가하(mutta-gāha)' '뭇따 뭇따(mutta-mutta)' 이런 말이 있습니다. '가하'는 '잡는 것'이고 '뭇따'는 '놓는 것'입니다. '뭇따 가하'는 신도가 스님을 잡는다는 말입니다. 이 스님이 실력이 있고, 파워가 있고, 신도가 많다. 이 스님과 잘 지내면 나에게 돈이 생길 것이다. 이런 식으로 정치인들이 스님에게 오기도 하지요? 그것은 신도가 스님을 잡고 있는 것입니다. 스님은 누가 와서 잡아도 그렇게 생각 안 합니다. 스님은 신도가 정치적으로 경제적으로 어떻든지, 아들딸들이 누구든지, 무슨 생각을 하고 오든지, 스님 마음은 그 신도에게 부처님의 가르침을 알려 주고, 좋은 논밭이 되어 주고, 좋은 선업의 대상이 되도록 하는 마음만 가질 뿐 다른 관계는 일체 하지 않습니다. 그러면 스님은 '묫따'가 되어 벗어납니다. 이것을 '묫따 가하'라고 합니다. 스님은 '묫따'이고 신도는 '가하'입니다.

그리고 스님이 신도를 잡는 경우가 있습니다. 신도는 깨끗한 마음으로 스님을 모시고 있는데, 스님이 그 신도를 잡고 있습니다. 그러면 '가하 묫따'가 됩니다. 스님 쪽에서 벗어나 있으면 '묫따 가하'이고 스님 쪽에서 잡고 있으면 '가하 묫따'입니다. 제일 좋은 것은 '묫따 묫따'입니다. '가하 묫따'는 스님이 좋지 않은 것이고, '묫따 가하'는 신도 쪽이 좋지 않아서 스님이 괴로울 수 있습니다. '묫따 묫따'가 제일 행복하고 편안합니다.

'묫따 묫따'는 신도도 스님을 잡지 않고, 스님도 신도를 잡지 않습니다. 그렇게 스님과 신도 사이의 선을 뚜렷하게 하여 사는 것이 부처님의 가르침으로서 제일 좋습니다. 그것이 예불 드릴 때마다 "붓다 사사낭 찌랑 띳타뚜!(부처님의 가르침이 오래오래 머물기를!)" 하고 발원하는 것이 성취되도록 하는 길입니다.

'꿀레수 아나누깃도'가 그 이야기를 하고 있는 것입니다. 부처님께서 이 『자애경』을 오백 명의 스님들에게 설하신 것이기 때문에 스님들 위주로 많이 이야기하고 있습니다. 우리는 이런 가르침을 일반 재가자들에게 어떻게 맞출 수 있을까를 공부해야 합니다. 부모와 자식 간에, 형제와 자매 간에, 친구들끼리, 도반들끼리, 스승과 제자 간에, 여러 가지 경우로 서로서로 잡고 있는 것이 있을 것입니다. 세속에서 사는 재가자들에게 어쩔 수 없는 부분도 있겠지만 너무 지나치지 않도록 해야 합니다.

Na ca khuddamācare kiñci yena viññū pare upavadeyyuṃ

(나 짜 쿳다마짜레 낀찌 예나 윈뉴 빠레 우빠와데융)

현명한 이들에게 비난을 받을 만한 사소한 허물도 일삼지 않습니다.

[해설]

(15) Na ca khuddamācare kiñci yena viññū pare upavadeyyuṃ(나 짜 쿳다마–짜레 낀찌 예나 윈뉴– 빠레 우빠와데융)

'낀찌(kiñci)'는 '하나도, 전혀', '쿳다(khudda)'는 '아주 작은 것', '아짜레(ācare)'는 '안 좋은 것'이란 뜻으로 '나짜 쿳다마짜레 낀찌(na ca khuddamācare kiñci)'는 안 좋은 것이라면 조금이라도 하지 않도록 노력한다, '예나(yena)'는 어떤, '윈뉴(viññū)'는 지혜로운, '빠레(pare)'는 다른 사람들이, '우빠와데융(upavadeyyuṃ)'은 욕한다, 질책한다는 뜻으로 '예나 윈뉴 빠레 우빠와데융(yena viññū pare upavadeyyuṃ)'은 지혜로운 자가 잘못된 것을 지적한다는 말입니다.

지혜로운 사람은 해도 되는 일과 해서는 안 되는 일, 옳은 일과 나쁜 일을 알고 있습니다. 최고로 지혜로운 분은 부처님이시고, 다음으로 벽지불, 아라한, 아나함, 사다함, 수다원입니다. 그 다음이 성인이 되려고 열심히 공부하고 수행하는 사람들입니다. 이러한 지혜로운 사람들이 볼 때 못마땅한 일은 조금이라도 하지 않도록 노력해야 합니다. 몸과 입과 마음으로 나쁜 짓이라면 아주 조그만 것이라도 전혀 하지 않도록 노력하겠다고 결정하는 것입니다.

범부는 번뇌가 가득 찬 사람이란 뜻입니다. 그래서 완전히 깨끗할 수가 없습니다. 그렇지만 깨끗한 마음을 가지려고 노력하는 것이 중요합니다. 그렇게 노력할 때 나쁜 일은 조금도 하지 않겠다는 이런 마음이 필요합니다.

부처님의 가르침은 상승곡선형입니다. 지금 있는 만큼에서 시작하여 차차 올라가게 됩니다. 내가 이 정도에서 1% 노력하면 1% 올라갑니다. 1% 노력해서 올라간 상태에서 또 노력한다면 다시 2%로 올라갑니다. 2% 상태에서 또 노력하면 3%로 올라가고, 이렇게 계속하여 노력하면 100%까지 올라갑니다. 수행자들이 부처님 가르침은 매우 깨끗하며 자신들은 너무 부족하다고 생각하고 수행을 못하겠다고 하는데 그것은 잘못 생각하는 것입니다.

처음부터 깨끗한 사람이 어디에 있습니까? 계속 수행해 가면서 끊임없이 노력해야 합니다. 한 달에 한 번 오후불식하며 팔계를 지켜보리라고 결심해 보세요. 처음은 어렵겠지만 스스로 마음을 격려하면서 한 달 중에 두 번 보름날마다, 혹은 일주일에 한 번씩 팔계를 지키도록 노력한다면 몸도 리듬을 타면서 적응을 하게 됩니다. 이렇게 마음을 결정하고 훈련하는 것이 방법입니다. 이런 시간들이 많아지면 어느 날부터 정오 이후에는 먹고 싶다는 생각이 아예 없어집니다. 오후불식을 해도 몸과 마음에 아무런 지장이 없고 편안합니다.

'나 짜 큿다 마-짜레 낀찌 예나 윈뉴- 빠레 우빠와데융.' 지혜로운 자들이 우리가 하는 나쁜 짓을 보고 못마땅해 하면서 그런 일을 조금이라도 하지 말라고 말씀하실 때, 처음은 도저히 불가능해 보이지만 스스로 결정을 내리면서 나쁜 짓을 하지 않도록 열심히 노력하면 차차 달라지고 청정해집니다. 이렇게 가르침을 이해해야 합니다.

여기까지가 자애수행의 열다섯 가지 기본 자세입니다.

이것은 앞에서 말한 것과 같이 자애수행뿐만 아니라 모든 수행의 기본 자세입니다. 어떤 수행을 하건 수행이 잘 되지 않을 때 체크해 보면 이 열다섯 가지 중 부족한 것이 있음을 알 수 있습니다.

어느 때는 '삭꼬(sakko, 용기)'가 없어서 "아이고 수행 못 하겠다."라고 합니다. 어느 때는 수행 중에 자꾸 뭔가를 따지고 있을 때가 있습니다. 그러면 "아! 내가 지금 '아나띠마나(지나친 자만 없음)'를 해야 하는데 '아띠마나(지나친 자만)'를 하고 있구나."라고 알아야 합니다. 어느 때는 "내가 이것도 하고 저것도 해야지."라고 하고 있으면 "아, 내가 '압빠낏짜(appakicca, 일 적음)'를 해야 하는데 '부낏짜(bhukicca, 일 많음)'를 하고 있구나."라고 알면 됩니다.

이렇게 자신의 마음 상태가 열다섯 가지 중 뭔가에 걸리고 있음을 알고 바르게 고쳐 가면 수행이 매우 순조롭게 향상되어 갑니다. 부처님께서는 이렇게 열다섯 가지 기본 자세를 갖추어야 자애수행을 할 수 있고 또 생로병사 삼세윤회 모든 고통에서 벗어나 완벽한 자유, 완전한 행복인 해탈을 성취할 수 있다고 말씀하셨습니다. 이 말씀을 잘 기억하고 숙지하시기 바랍니다.

3) 자애를 보내는 열한 가지 방법

다음부터는 부처님께서 다음과 같이 본격적으로 자애수행을 가르치십니다.

(1) 통합하여 모든 존재들에게 한 가지

Sukhino va khemino hontu, sabbasattā bhavantu sukhitattā.
(수키노 와 케미노 혼뚜 삽바삿따- 바완뚜 수키땃따)
모든 존재들이 행복하기를! 위험 없기를! 몸과 마음이 편안하고 행복하기를!

[해설]

Sukhino va khemino hontu
(수키노 와 케미노 혼뚜)
'수키노(sukhino)'는 '행복하기를', '케미노(khemino)'는 '위험 없기를', '혼뚜(hontu)'는 '되기를!'이란 뜻으로, 혼뚜는 기원하는 말로 동사입니다. '수키노 혼뚜! 케미노 혼뚜!'인데 동사를 반복하지 않고 한 번만 쓰면서 '행복한 사람이 되기를! 위험 없기를!' 이렇게 말하고 있습니다.

sabbasattā bhavantu sukhitattā
(삽바삿따-바완뚜 수키땃따)
'삽바(sabba)'는 '모든', '삿따(sattā)'는 '살아 있는 존재들', '바완뚜

(bhavantu)'는 '되기를', '수키땃따(sukhitattā)'는 수키따(행복하기를!)와 앗따(몸과 마음)의 합성어로 몸이 건강하고 마음이 평화롭고 행복하기를!이란 뜻입니다.

Sukhino va khemino hontu, sabbasattā bhavantu sukhitattā.
(수키노 와 케미노 혼뚜 삽바삿따- 바완뚜 수키땃따)
모든 존재들이 행복하기를! 위험 없기를! 몸과 마음이 편안하고 행복하기를!

틈만 나면 합장해서 항상 이렇게 암송하세요! '수키땃따'도 사실 행복을 뜻합니다. 포괄적인 뜻으로서 완전한 행복인 해탈까지 포함하는 말입니다. 자애수행을 가르치는 여러 가지 방법이 있지만 자애를 이렇게 보내라는 부처님의 직접적인 가르침입니다.

부처님께 절을 올리면 부처님께서는 이렇게 말씀하셨습니다.

"수키 혼뚜!(행복하기를!)"

이 행복이란 말 안에 다 들어갑니다. 건강하지 못하면 어떻게 행복하겠습니까? 위험에 빠져 있으면 어떻게 행복하겠습니까?

그래서 부처님께서,

"Sukhi hontu!(수키 혼뚜! 행복하기를!)
Dīgha hontu!(디가 혼뚜! 오래오래 살기를!)"

이렇게 말씀하십니다.

지금 여러분들은 『자애경』을 공부하고 있습니다. 뜻을 알고 간절히 바라는 마음으로 "모든 존재들이 행복하고 위험 없기를! 그리고 몸과 마음이 건강하고 행복하기를!"이라고 평화롭고 부드러운 마음으로 암송하시기 바랍니다.

"수키노 와 케미노 혼뚜 삽바삿따– 바완뚜 수키땃따–"

이것이 자애를 보내는 방법의 하나입니다. 분별하지 않고 모든 존재를 통틀어서 대상에 두고 자애를 베풉니다.

'모든 존재들이 행복하기를! 위험 없기를! 몸과 마음이 편안하고 행복하기를!'

이 수행 방법을 그대로 많이 해보세요. 부처님의 가르침 그대로입니다.

"수키노 와 케미노 혼뚜 삽바삿따– 바완뚜 수키땃따–"
"수키노 와 케미노 혼뚜 삽바삿따– 바완뚜 수키땃따–"
"수키노 와 케미노 혼뚜 삽바삿따– 바완뚜 수키땃따–"

모든 존재들이 행복하기를! 위험 없기를! 몸과 마음이 편안하고 행복하기를! 이런 식으로 한국말로 번역해서 할 수도 있겠지만, 부처님 말씀 그대로, 부처님의 육성 그대로 따라하는 것이 아주 힘 있는 말입니다.

(2) 세부적으로 나누어서 열 가지

Ye keci pāṇabhūtatthi, tasā vā thāvarā vanavasesā ;
(예 께찌 빠나부땃티　따사-와-타-와라 와나와세사)
살아 있는 생명이면 예외 없이, 무서움이 있거나 무서움이 없거나

[해설]

이 단락은 앞의 단락과는 달리 자애 대상을 여러 가지로 이야기하고 있습니다. 앞에서는 모든 존재들을 통틀어서 하나의 대상으로 두면서 "수키노와 케미노 혼뚜 삽바삿따 바완뚜 수키땃따." 이런 방식으로 자애를 보냈습니다.

여기에서는 두 번째 방법으로 부처님께서 세부적으로 분리하여 하나하나에게 자애를 보내도록 하셨습니다.

Ye keci pāṇabhūtatthi, tasā vā thāvarā vanavasesā
(예 께찌 빠나부땃티　따사-와-타-와라- 와나와세사)
'예 께찌(ye keci)'는 '이 사람' 혹은 '저 사람', '정해지지 않은 어떤 존재', '빠나(pāṇa)'는 '살아 있는 것', '부따(bhūta)'는 '분명히 있는 것'이란 말로 지금의 우리처럼 몸이 분명히 보이고 살아 있는 것을 말합니다. '빠나부땃티(pāṇabhūtatthi)'는 '살아 있는 모든 존재', '예 께찌 빠나부땃티(ye keci pāṇabhūtatthi)'는 '어떤 살아 있는 모든 존재들'이란 뜻입니다. '와나와세사(vanavasesā)'는 '남김없이 모두', '따사(tasā)'는 '무서움이 있는 사람', '타와라(thāvarā)'는 '무서움이 없

는 사람'이란 뜻입니다.

이 세상의 모든 존재들을 이렇게 두 종류로 나눕니다. 한 종류는 '따사'이고 다른 한 종류는 '타와라'입니다. 무서움을 아비담마 논장으로 따지면 마음부수 중 어떤 마음부수입니까? 탐·진·치 중 진심(성냄)입니다. 카본이라는 원소가 있지요? 그 카본이 다이아몬드가 될 수도 있고 불타는 숯도 될 수 있습니다. 그러나 그 기본 요소는 똑같은 카본입니다. 카본이라는 기본 내용은 같지만 모습은 여러 가지가 있습니다.

'성냄'도 그렇습니다. 화, 미움, 마음에 안 드는 것, 짜증나는 것, 우울증 등 모두 성냄의 여러 가지 모습입니다. 이들의 핵심은 궁극적인 실제로 보면 도사(진심)입니다.

'도사'가 한국말로 탐·진·치 중 진이지요. 그러면 무서움이 없다고 하면 도사가 없다는 것입니다. 도사가 없는 사람은 어떤 사람입니까? 탐·진·치 중 진이 없는 사람은 어떤 사람입니까? 수다원은 화(성냄)가 있어요, 없어요? 수다원은 화가 있습니다. 사다함도 화가 있습니다. 아나함에게는 화가 없습니다. 그래서 무서움이 없는 사람이라고 말하면 아나함과 아라한입니다.

사악처에는 깨달은 존재가 없으므로 모두 '따사'입니다. 사악처에 있는 '따사' 존재들이 얼마나 많아요? 지옥생, 축생, 아귀, 아수라, 상관없이 사악처에 있는 존재는 모두 '따사'입니다.

인간계를 보면 인간들은 수준에 따라 여러 가지 단계가 있습니다. 범부도 있고 수다원도 있고 사다함도 있고 아나함도 있고 아라한도 있습니다. 그러면 아라한과 아나함을 제외한 수다원과 사다함 성인들과 모든 범부들이 '따사'입니다.

신들도 여러 가지입니다. 범부 신, 수다원 신, 사다함 신, 신으로 아나함, 아라한까지 되기도 합니다. 그래서 범부 신, 수다원과 사다함 신까지는 '따사'이고, 아나함과 아라한 신들은 '타라와'입니다. 범천도 수다원 범천, 사다함 범천, 아나함 범천, 아라한 범천이 있습니다. 그러면 아나함과 아라한 범천이 '타와라'이고 나머지는 다 '따사'입니다. 이 세상을 분리할 때 이렇게 두 가지로 분리할 수 있습니다.

'무서움이 있는 자(따사)'와 '무서움이 없는 자(타와라)', '아나와세사'는 하나도 남김없이, 이렇게 대상을 무서움이 있는 자와 무서움이 없는 자, 두 가지로 나눠서 자애를 보낸다는 말씀입니다.

Dīghā vā yeva mahantā majjhimā rassakā aṇukathūlā.

(디가 와 예와 마한따 맛지마 랏사까 아누까투라)

길거나 중간이거나 짧거나, 크거나 중간이거나 작거나, 뚱뚱하거나 중간이거나 말랐거나,

[해설]

다음은 자애의 대상을 가) 모든 존재, 나) 두 가지 네 그룹, 다) 세 가지 세 그룹으로 나누어 설명하셨습니다.

수행할 때 제일 어려운 것은 대상을 모르고 또 대상을 알긴 아는데 어떻게 마음을 가지는지 모르는 것입니다. 그래서 부처님께서 자애수행의 대상을 어떻게 가지는지 가르치셨습니다.

모든 존재를 대상으로 가지면서 "수키노와 케미노 혼뚜 삽바삿따 바완뚜 수키땃따." "모든 존재들이 행복하기를! 위험 없기를!

몸과 마음이 편안하고 행복하기를!" 이런 방법 하나를 가르치고,

대상을 두 가지로 나누어서 말합니다. '따사와 타와라', '따사'는 무서움이 있는 존재, '타와라'는 무서움이 없는 존재, '아나와세사'는 '무서움이 있든 무서움이 없든 남김없이 모두 다' 이런 뜻입니다. 두 가지로 나눠서 각각 그 대상에게 자애의 마음을 보냅니다. 자애를 보내는 마음은 모두 똑같습니다.

"수키노 와 케미노 혼뚜 삽바삿따- 바완뚜 수키땃따-"
"모든 존재들이 몸과 마음이 편안하고 위험 없고, 행복하기를!"

'디가 와 예와 마한따 맛지마 랏사까 아누까투라'에서 자애 대상을 세 가지로 세 그룹을 말씀하십니다. 한 그룹은 길이의 관점으로, '디가/맛지마/랏사까'로서 '디가(dīghā)'는 '긴', '맛지마(majjhimā)'는 '중간', '랏사까(rassakā)'는 '짧은'이라는 뜻입니다. 두 번째 그룹은 크기의 관점으로, '마한따/맛지마/아누까'로서 '마한따(mahantā)'는 '큰 것', '맛지마(majjhimā)'는 '중간', '아누까(aṇuka)'는 '작은 것', 세 번째 그룹은 덩치의 관점으로, '투라/맛지마/아누까'로서 '투라(thūlā)'는 '뚱뚱한 것', '맛지마(majjhimā)'는 '중간', '아누까(aṇuka)'는 '마른 것'을 뜻합니다. 이렇게 세 그룹입니다. '아누까투라'를 단어 뜻 그대로 미세하거나 거친 것으로 번역하기도 합니다.

'디가'는 뱀같이 길게 보이는 존재들입니다. '마한따'는 코끼리같이 크게 보이는 존재들이고, '투라'는 바다거북처럼 통통하고 둥그렇게 보이는 존재들입니다. '맛지마'는 중간의 존재들입니다.

'랏사까'는 짧고, '아누까'는 작은 존재들입니다. 이렇게 세 가지 세 그룹으로 나누면서 '길거나 중간이거나 짧은 존재들이 모두 건강하고 행복하기를, 평화롭기를!', '크거나 중간이거나 작은 존재들이 행복하고 위험 없고 몸과 마음이 편안하기를!' '그리고 뚱뚱하거나 중간이거나 마른 존재들이 행복하고 위험 없고 몸과 마음이 편안하기를!' 이렇게 자애를 베풀라고 부처님께서 말씀하셨습니다.

Diṭṭhā vā yeva adiṭṭhā ye va dūre vasanti avidūre ;
(딧타 와 예와 아딧타 예 와 두-레 와산띠 아위두-레)
보았든 보지 못했든, 멀리 있든 가까이 있든

[해설]

'딧타(diṭṭhā)'는 '볼 수 있는', 혹은 '보았던 것', '아딧타(adiṭṭhā)'는 '볼 수 없는', 혹은 '보지 못했던 것', '예와(yeva)'는 '어떤', '두레(dūre)'는 '멀리 있는', '와산띠(vasanti)'는 '살고 있다, 머물다', '아위두레(avidūre, 멀지 않는 곳에)'는 '가까이 있는'을 말합니다.

여기서 다시 두 가지로 나눕니다. '딧타'와 '아딧타', '두레'와 '아위두레'. 여러분이 지금까지 눈으로 직접 볼 수 있고 보았던 존재들이 많이 있지요? 마찬가지로 볼 수 없고, 보지 못했던 존재들도 엄청나게 많습니다. 보았던 존재들이 많아요? 보지 못했던 존재들이 많아요? 보지 못했던 존재들이 더 많습니다. '예와'는 정해지지 않은 어떤 것을 뜻합니다. '예와 아딧타'는 어떤 보지 못했던 것, '어떤'이란 사람이 될 수도 있고 동물이 될 수도 있습니다.

우리가 보지 못했던 것은 무엇일까요? 우리는 범천과 신을 눈으로 볼 수 없습니다. 어떤 신들, 어떤 범천들이란 그런 의미입니다. 내가 보지 못하였던 모든 존재들을 말하고 싶으니까 딱히 정하지 않고 '어떤'이란 말을 쓴 것입니다.

'딧타 와 예와 아딧타', 보았던 존재들과 보지 못한 존재들, 두 가지입니다. 그리고 이어서 '보았든 보지 못했든, 모든 존재들' 그렇게 말합니다.

"Diṭṭhā vā yeva adiṭṭhā;"
(딧타 와-예와 아딧타)
"보았던 모든 존재들이 행복하기를!"
"보지 못한 모든 존재들이 행복하기를!"
"보았든 보지 못했든, 모든 존재들이 행복하기를!"

이렇게 단어를 바꿔서 할 수 있습니다. 부처님 말씀 그대로 독송하는 것이 제일 좋습니다.

"Ye va dūre vasanti avidūre bhavantu sukhitattā"
(예 와 두-레 와산띠 아위두-레 바완뜨 수키땃따-)
"멀리 있는 존재들이 행복하기를!"
"가까이 있는 존재들이 행복하기를!"
"멀리 있든 가까이 있든, 모든 존재들이 행복하기를!"

멀리 있는 존재들이 얼마나 멀리에 있냐고 따질 수는 없습니다. 내가 멀다고 생각하면 먼 것입니다.

Bhūtā va sambhavesī va, sabbasattā bhavantu sukhitattā.
(부-따-와 삼바웨시- 와 삽바삿따 바완뚜 수키땃따-)
태어날 일이 끝난 아라한이든, 태어날 일이 남은 유학과 범부이든 이 세상 모든 존재들이 행복하기를!

[해설]

'부따(bhūtā)'는 '되었던 사람들, 생겼던 사람들', '삼바웨시(sambhavesī)'는 '지금 되고 있는 사람들'이란 뜻으로 '부따(bhūtā)'는 과거형이고 '삼바웨시(sambhavesī)'는 현재형입니다. '와(va)'는 '거나, 또는', 벌써 된 사람들과 지금 되고 있는 사람들, 이렇게 두 가지로 생각할 수 있습니다.

'부따' 즉 '다 되었다'는 무슨 의미일까요? 아라한이 되면 다음 생이 없습니다. 더 이상의 생은 없습니다. '부따'는 모든 생이 끝난 아라한을 말합니다. '삼바웨시'는 우리가 아라한이 아닌 이상 지금처럼 계속 태어날 것이기 때문에 현재형입니다. '삼바웨시'는 아직 아라한이 되지 않은 수다원에서 아나함까지를 말합니다.

또 다르게 생각해 보면 지금 엄마 뱃속에 있는 사람은 '삼바웨시'이고 이미 태어난 사람은 '부따'라고 말할 수 있습니다. '부따'는 벌써 태어났고 '삼바웨시'는 아직 태어나지 않은 상태입니다. 지금 알에서 병아리가 나오려고 하는데, 알 안에 있으면 '삼바웨시'이고, 알에서 부화해서 병아리가 된 것은 '부따'입니다.

이것들은 우리가 자애의 대상을 가지는, 하나의 방편입니다.

자애를 보낼 때 모든 존재를 대상으로 가지는 것이 어려우면 처음에 부분적으로 하나하나씩 가지고 다음에 모든 존재로 갑니다.

스님이 수행 지도할 때 앉아 있으면 앉아 있는 대로 보라고 하는데, 그 말이 무슨 뜻인지 잘 모르는 분들이 있습니다. "스님, 앉아 있는데 앉아 있는 것을 어떻게 봅니까? 앉아 있으면 앉아 있는 것을 알면 되지 어떻게 다시 봐요?"라고 질문합니다. 그러면 이렇게 대답합니다. "먼저 발바닥을 느껴 보세요. 왼쪽 발바닥을 느껴 보세요. 다음, 오른쪽 발바닥을 느껴 보세요……" 그러면서 차차 마음이 몸의 여러 부분을 대상으로 가지도록 훈련시킵니다. 다음에 "머리카락 끝에서 발가락 끝까지 느껴 보세요." 하면 앉아 있는 몸을 전체적으로 그대로 느끼게 됩니다. 그때부터는 말을 하지 않아도 알게 됩니다. 앉아 있는 몸을 마음으로 그냥 확 알아 버립니다.

부처님께서 『대념처경』에서, "앉아 있으면 앉아 있는 것을 알라."고 하시는 것이 그런 것을 말합니다. 그래서 앉아 있을 때 왼쪽 발바닥을 알고, 왼쪽 발목, 오른쪽 발목, 왼쪽 다리, 오른쪽 다리를 느껴 보라고 말하지요? 그때 "부처님께서는 그런 말씀은 안 하셨는데……" 그렇게 말하면 안 되겠지요? 일단 방편을 쓰면서 그 사람이 부처님 가르침을 알게끔 해야 되기 때문에 처음에는 자세히 구분해서 말합니다. 그렇게 하다 보면 조금 뒤 이 몸이 앉아 있는 것이 느껴집니다. "머리카락부터 발바닥까지 느껴 보세요."라고 하면 앉아 있는 모습을 그대로 알게 됩니다. 다음에 부처님 말씀대로 앉아 있으면 앉아 있는 것을 아는 마음이 생깁니다.

"모든 존재들이 행복하기를!"이라고 하지만 대상을 잡지 못했으면 지금까지 보았던 사람이, 보지 못한 사람들이, 가까이 있는 사람이, 멀리 있는 사람이, 또는 태어난 사람이, 태어날 사람이, 아라한과 그 외 모든 존재들이, 이렇게 대상을 하나하나씩 잡으면서 자애수행을 계속해 봅니다. 그러면서 끝으로 '삽바삿따', 모든 존재들로 다시 갑니다. 마음의 힘이 좋아지면 모든 존재들이 마음속에 들어오게 됩니다. 그 모든 존재들은 다시 앞으로 가서, "예 께찌 빠-나부-땃티 따사-와- 타-와라- 와나와세사- 삽바삿따 바완뚜 수키땃따(무서움이 있는 사람, 무서움이 없는 사람, 그리고 무서움이 있든 없든 모든 존재들이, 몸과 마음이 평안하고 행복하기를!)"라고 합니다.

마찬가지로 "디-가-와- 예와 마한따- 맛지마- 랏사까- 아누까투-라-삽바삿다 바완뚜 수키땃다."

"딧타-와-예와 아딧타- 예와 두-레 와산띠 아위두-레 삽바삿다 바완뚜 수키땃다."

"부-따-와 삼바웨시-와 삽바삿따-바완뚜 수키땃따-!"라고 합니다.

여러 존재들 각각에 '삽바삿따 바완뚜 수키땃따'라는 자애의 마음을 써야 하는데, 매번 "삽바삿따 바완뚜 수키땃따"라고 하면 길어지니까 대상을 일단 묶어서 이야기한 다음에, 끝에 한 번만 '삽바삿따 바완뚜 수키땃따'로 마무리하고 있습니다. 하지만 우리가 자애수행을 할 때는 한 가지씩 해야 됩니다. 그래야 자애마음이 생깁니다. 묶어서 해 버리면 앞에 '따사와 타와라' 하고 이야기하다가 '딧타-와-예와 아딧타-' 하면 우리 마음은 어디로 가 버립니까? '딧타-와-예와 아딧타-'로 가지요? 그래서 우리가 진짜 자애를 보낼 때는 한 단락씩 해야 됩니다.

"따사-와- 타-와라- 와나와세사- 삽바삿따 바완뚜 수키땃따."라고 자애를 보낸 후 그 다음에 "디가와 예와 마한따 맛지마-랏사까- 아누까투-라-삽바삿따 바완뚜 수키땃따." 이렇게 내려갑니다. 이렇게 하나하나씩 해야 자애의 마음이 갑니다. 지금처럼 책으로 줄줄 읽어 내려가면 '따사와 타와라' 말하면서 '행복하기를!' 하는데, '디가와 예와'로 읽어 내려가면 자애마음이 '따사와 타와라'로 가기 전에 어디에 있겠습니까? '디가와 예와'에 가 있지요? 그러면 자애가 제대로 안 됩니다. 그래서 할 때에는 하나하나씩 해야 됩니다. 글을 쓸 때는 압축해서 줄여서 쓰는 것입니다. '삽바삿따 바완뚜 수키땃따'가 두 단락 끝에 오지만 매 묶음마다 있다고 알고 천천히 충분히 느끼면서 자애수행을 해야 합니다.

Na paro paraṃ nikubbetha, nātimaññetha katthaci na kañci
(나 빠로 빠랑 니꿉베타 나-띠만녜타 깟타찌 나 깐찌)
어느 누구든 다른 이를 속이지 않고 어디서나 다른 이를 조금도 무시하지 않으며

[해설]

'나(na)'는 부정어로 '하지 마', '안 해', '빠로(paro)'는 '남이', '다른 사람이', '빠랑(paraṃ)'은 '남을', '다른 사람을'이란 뜻으로 '빠로'가 주어이고 '빠랑'이 목적어입니다. '이 사람이 이 사람을', '저 사람이 저 사람을', '그 사람이 그 사람을'이란 의미입니다. '니꿉베타(nikubbetha)'는 '속이는 것', '나니꿉베타(nanikubbetha)'는 '속이지 않

는 것'이란 뜻으로 '어느 누구든 어디에서든 속이거나 속이지 않기를!'이란 말입니다.

속이는 사람도 나쁘고 속은 사람도 괴롭습니다. 둘 다 좋지 않습니다. 사기를 당하는 사람은 많이 괴롭습니다. 속인 사람도 불선업이고 틀림없이 자신에게 괴로움이 돌아올 것이기에 좋을 것이 하나도 없습니다. 자애가 있으면 다른 사람을 괴롭게 할 수 없습니다. 자애의 마음이 있으면 다른 사람을 속이지 않습니다.

다음으로 '깟타찌(katthaci)'는 '어디에서도, 어디서든', '나띠만녜타(nātimaññetha)'는 '남을 무시하지 말라'는 뜻으로 언제 어디서나 남을 무시하지 말라는 말입니다. 무시를 당하는 사람은 마음이 아픕니다. 자애로운 사람은 남을 무시해서는 안 되며 존중해야 합니다. 남을 무시하는 것은 무엇을 의미합니까? 내가 자만이 많다는 것입니다. 내가 거만하다는 것입니다. 그러므로 거만하지 말고 다른 사람을 무시하지 말라는 말입니다. '깐찌(kañci)'는 '하나도, 한 번도', '나깐찌(na kañci)'는 '하나도 무시하지 말라, 조금도 무시하지 말라'는 말입니다.

Byārosanā paṭighasaññā, nāññamaññassa dukkhamiccheyya.
(뱌-로사나- 빠띠가산냐- 난-냐만냣사 둑카밋체이야)
분노와 원한을 가지고 몸과 입으로 서로서로 다른 이의 고통을 바라지 않아야 합니다.

[해설]

'뱌로사나(byārosanā)'는 때리고 차고 고문하고 싸우고 죽이는 등 남을 괴롭히고 싶은, 성냄으로 망가진 마음상태입니다. '빠띠가 산냐(paṭighasaññā)'는 마음으로 미워하고 적의를 가지고 다른 사람을 망가뜨리고 싶은 것입니다. '안냐만냐(āññamañña)'는 '서로서로', '난냐만냐냣사(nāññamaññassa)'는 '서로서로 하지 말라'는 뜻입니다. 부정어로 '나(na)'가 붙어서 '난냐만냣사(nāññamaññassa)'가 됩니다. '둑카(dukkha)'는 '고통', '잇체이야(iccheyya)'는 '원하다', '나 잇체이야(na iccheyya)'는 '원하지 말아야 한다' 즉 '난냐만냣사 둑카밋체이야(nāññamaññassa dukkhamiccheyya)'는 다른 사람의 고통을 몸으로 말로 마음으로 원하지 말라는 말입니다.

말로써 다른 사람의 고통을 원한다는 것은 어떤 사람을 칼로 찔러 죽이라고 말로써 시키는 것입니다. 말로도 하지 않고 마음속으로라도 미워하지 말라는 것입니다. 몸으로는 하지 않아도 마음속으로 미워할 수 있지요? 그렇게 미워하는 생각도 하지 말라는 것입니다.

우리가 미워하는 사람이 있으면 마음속으로 그 사람의 고통을 원하게 됩니다. 그런 마음을 갖지 말고 자애를 보내라고 방법을 말씀하셨습니다. 자애를 보낸다는 것은 서로서로 미워하지 않고 사랑하기를 바라고 있는 것입니다. 자애의 대상들이 서로서로 몸으로 말로 괴롭히지 않는 것과 미워하는 마음을 가지지 않는 것을 바라는 마음이 자애입니다.

"나 빠로 빠랑 니꿉베타 나-띠만네타 깟타찌 나 깐찌 뱌-로사나- 빠띠가산냐- 난-냐만냣사 둑카밋체이야"

어느 누구든 다른 이를 속이지 않고 어디서나 다른 이를 조금도 무시하지 않으며, 분노와 원한을 가지고 몸과 입으로 서로서로 다른 이의 고통을 바라지 않기를!

'난냐만냣사 둑카밋체이야'는 서로서로 지독한 고통을 원하지 않고 자애를 베푸는 방법을 이야기하고 있습니다. 여기서 나쁜 것을 먼저 말하고 있습니다. 서로 속이지 않도록, 서로 무시하지 않도록, 그런 나쁜 짓을 하지 않기를 바라면서 자애를 베풉니다. 나쁜 것과 좋은 것이 있을 때 일단 나쁜 것을 먼저 다스려야 합니다. 예를 들어 병에 걸리면 먼저 병이 낫도록 치료해야 합니다. 그 다음에 다른 것을 해야 합니다. 지금 급한 것부터 먼저 하여 사람을 살려 놓고 난 다음에 종양을 칼로 자를 수도 있고 또 그 상처의 흔적이 남지 않게 조치합니다.

자애를 할 때에도 먼저 나쁜 것부터 하지 않도록 자애를 베풀어야 합니다. 서로 속이지 않도록, 무시하지 않도록, 서로 괴롭히지 않도록, 해치지 않도록, 때리고 맞고 고문하고, 입으로 괴롭히고 마음으로 미워하고, 이런 것이 없기를! 서로서로 고통을 원하지 않기를! 하면서 자애를 보냅니다. 그런 다음에 좋은 것이 나옵니다. 좋은 것이 함께하기를 바라는 자애의 마음들을 보냅니다.

(3) 어떤 마음으로?

Mātā yathā niyaṃ puttamāyusā ekaputtamanurakkhe;
(마-따- 야타 니양 뿟따마-유사- 에까뿟따마누락케)
어머니가 하나뿐인 자식을 자신의 목숨보다 소중하게 보호하듯

[해설]

'마따(Mātā)'는 '어머니', '야타(yathā)'는 '처럼'이라는 뜻으로 '마따 야타(mātā yathā)'는 '어머니처럼'이란 말입니다. '뿟따(putta)'는 아들이란 뜻인데, 여기서는 그냥 자식의 의미입니다. '니양(niyaṃ)'은 '낳은', '니양 뿟따(niyaṃ putta)'는 '어머니가 낳은 친자식들에게 하는 것처럼'이라는 말이고 '아유사(āyusā)'는 목숨을 걸고서 즉 '죽어도'라는 뜻인데 여기서 '아유(āyu)'는 '생명'이라는 뜻입니다. '에까뿟땅(ekaputtaṃ)'는 '외동아들'인데, 여기서 '에까(eka)'는 '하나', '뿟따(putta)'는 '아들'이라는 의미입니다. '아누락케(anurakkhe)'는 '보호한다'란 뜻입니다.

어머니가 하나뿐인 친아들을 자기 목숨을 걸고서라도 지키는 것처럼, 그렇게 간절히 자애의 대상들에게 자애를 베풀라는 말입니다. "마-따-야타- 니양 뿟따마-유사- 에까뿟따마누락케"는 자기가 죽어도 아들을 지키겠다는 어머니의 마음처럼 자애를 베푸는 것입니다.

Evampi sabbabhūtesu, mānasaṃ bhāvaye aparimāṇaṃ.

(에왐삐 삽바부떼수 마-나상 바-와예 아빠리마-낭)

이 세상의 모든 존재들을 향하여 무량한 자애마음을 많이 모아 쌓아야 합니다.

[해설]

'에왐삐(evampi)'는 '이렇게'라는 뜻으로 '어머니가 하나뿐인 친아들을 목숨을 걸고 지키는 것처럼'이란 말입니다. '삽바(sabba)'

는 '모두', '부떼(bhūte)'는 '분명히 살아 있는 존재들', '수(su)'는 '~들에', '부따(bhūta)'는 '지금 되고 있다', 즉 '죽지 않고 살아 있는 모든 존재들'를 말하고 있습니다. 또는 분명히 보이는 존재들이란 뜻도 있습니다. 분명하게 보이지 않는 존재들도 있지요? '삽바부떼수(sabbabhūtesu)'는 '모든 존재들에게', '마나상(mānasaṃ)'은 '마음'을, 여기서는 일반 마음이 아닌 자애의 마음을 말합니다. '바와예(bhāvaye)'는 '수행해야 한다, 반복해서 많이많이 모아 쌓아야 한다'는 말로 쉽게 말해서 자애수행을 많이 해야 한다는 뜻입니다.

수행은 한 번만 하는 것이 아니라 반복하는 것입니다. 한 번, 두 번, 세 번, 네 번, 수백 번, 수천 번, 수만 번, 수십만 번, 수백만 번, 수천만 번, 수억만 번, 그렇게 해야 합니다. 그것이 '바와예(bhāvaye)'입니다. '바와예'는 차차 많아지게 하는 것입니다. 반복해서 많아지게, 커지게, 익어지게, 성숙해지게 하는 것이 '바와나(bhāvana)'의 의미입니다. 한국말로 수행을 말합니다. '바와예'는 기원형 동사이고, '바와나'는 명사입니다.

'아빠리마낭(aparimāṇaṃ)'은 '이 정도, 저 정도를 넘어서'란 뜻으로 여기서 '빠리마나(parimāṇa)'가 이 정도만 혹은 저 정도만, 우리 동네 사람만, 우리 가족만, 우리 한국 사람만으로 한계를 짓는다면, '아빠리마낭(aparimāṇaṃ)'은 이런 '빠리마나'의 양을 넘어서 무량한, 한량없는 마음을 의미합니다. '아빠리마낭 마나상(aparimāṇaṃ mānasaṃ)'은 무량의 자애마음을, '삽바부떼수(sabbabhūtesu)'는 모든 존재들에게 베풀어야 한다. '바와예(bhāvaye)' 많이 모아서 쌓아야 한다는 의미입니다.

그래서 어머니가 하나뿐인 외동아들을 목숨을 걸고서 지키는 마음처럼 모든 존재들에게 그렇게 사랑하는 마음으로 무량의 자애마음을 베풀라는 말씀입니다.

(4) 어디까지?

Mettañca sabbalokasmi, mānasaṃ bhāvaye aparimāṇaṃ ;
(멧딴짜 삽바로까스미 마-나상 바-와예 아빠리마낭)
온 세상에 무량한 자애를 널리 펼치세요.

[해설]

'멧딴짜(mettañca)'는 자애마음을, '삽바(sabba)'는 '모두', '로까스미(lokasmi)'는 '이 세상'을 뜻합니다. '삽바로까스미(sabbalokasmi)'는 '모든 세상'을 이야기하는데 모든 세상은 무엇인가요? 욕계, 색계, 무색계라고 할 수 있습니다. 31천입니다. 또 존재계라고 말할 수도 있습니다. '마나상 바와예 아빠리마낭(mānasaṃ bhāvaye aparimāṇaṃ)'은 무량의 자애를 베풀라는 말씀입니다.

Uddhaṃ adho ca tiriyañ ca, asambādhaṃ averamasapattaṃ.
(웃당 아도 짜 띠리얀 짜 아삼바-당 아웨라마사빳땅)
위로 아래로 중간으로, 아주 넓게 원한도 적의도 넘어선 자애를!

[해설]

여기서는 동서남북 방향을 말하고 있습니다. '웃당(uddhaṃ)'은

'위', '아도(adho)'는 '아래', '웃당아도짜(uddhaṃ adho ca)'는 '위 아래로', '띠리얀짜(tiriyañ ca)'는 '그 주변, 옆으로', 즉 사방팔방과 아래위를 포함하는 열 방향으로 자애를 베푸는 방법입니다. 부처님의 가르침을 바탕으로 위로는 범천세계 끝까지, 아래로는 지옥세계 끝까지, 이런 식으로 말하는 『자애경』도 있습니다. 옆으로 말할 때는 동쪽으로, 동남쪽으로, 남쪽으로, 서남쪽으로, 그렇게 돌면서 하는 것입니다. 그래서 동서남북 팔방과 아래위로, 모든 방향으로 자애를 베풉니다.

이때 자애를 베풀 때에는 하나하나씩 해야 됩니다.

"위에 있는 모든 존재들이 행복하기를!"
"아래에 있는 모든 존재들이 행복하기를!"

나를 중심으로 해서 나의 머리 위로, 나의 발아래로 많은 존재들이 있을 것입니다. 이렇게 볼 수도 있겠지요? 또는 세상으로 볼 때 나는 인간 세상에 있기 때문에 내 위에 천신과 범천의 세상이 있고 아래에는 사악처가 있습니다. 그래서 '아래위로'라고 할 때 여러 가지로 생각할 수 있어요. 이것이 맞다, 저것이 맞다라는 것은 없습니다. 사실은 자애마음을 베풀기 위한 방편일 뿐입니다. 방편이기 때문에 우리 마음을 심리적으로 바르게 만들어, 대상을 하나씩 가지면서 그 대상에 집중하며 자애마음을 베풀게끔 하고, 차차 대상을 확대하여 모든 존재들이 행복하기를 바라는 자애를 보냅니다. 지금 '웃당 아도 짜 띠리얀 짜'로 말할 때는 포괄적으로 하고 있습니다. 그러나 실제로 할 때는 마음을 한 방향에 집중해야 합니다.

어떻게 집중하는가? 위쪽에 있는 모든 존재들이 건강하고 행복하고 평화롭기를! 아래쪽에 있는 모든 존재들이 건강하고 행복하고 평화롭기를! 동쪽에 있는 모든 존재들이 건강하고 행복하고 평화롭기를! 동남쪽에 있는 모든 존재들이 건강하고 행복하고 평화롭기를! 남쪽에 있는…… 이런 식으로 사방을 그렇게 다 해야 합니다. 방향을 이해하시지요?

'아삼바당(asambādhaṃ)'에서 '삼바다(sambādha)'는 좁다는 의미입니다. '아삼바다(asambādha)'는 아주 넓게, 자애의 마음을 아주 넓게 베푸는 것을 말합니다. 내 아들, 내 딸, 내 부인, 내 남편, 내 가족, 이렇게 하는 것이 아니고, 아주 넓게 확대시키는 것으로 사방, 팔방, 시방이라 말하듯 빠짐없이 다 하는 것을 '아삼바다'라고 합니다.

'아웨라'는 '안에 적이 없다', '아사빳땅'은 '밖에 적이 없다', '아웨라마사빳땅'은 '안과 밖으로 적이 없다'는 뜻입니다. 안팎으로 적이 없다는 말이 무슨 의미인가요? 자애를 베푸는 사람은 화내지 않습니다. 자애가 있을 때 화가 없습니다. 화가 안의 무서운 적입니다. 마음에서 화내고 있는 자체가 내 안에 적이 있다는 말입니다. 자애를 베풀고 있으면 안에 적이 없습니다. 마음이 "모든 존재들이 건강하기를! 행복하기를! 평화롭기를!" 이렇게 하고 있는데 성내는 마음이 있을 수가 없기 때문입니다. 그것이 안에 적이 없다는 말입니다.

'아사빳따'는 밖의 적이 없다는 뜻으로 나를 미워하고 싫어하는 사람이나 나를 반대하는 사람이 없다는 말입니다. 마음이 늘 다른 사람에게 자애를 베풀고 있으면 나를 미워하는 사람은 없어지고 나를 사랑하는 사람이 많아집니다. 그래서 밖에 적이 없다는 말입니다. 안에 있는 적은 마음부수로 성냄(도사)입니다. 탐·진·치 중 진입니다. 밖의 적은 진짜 적을 말하는 것입니다. 진실로 자애로운 사람은 개도 안 물고 뱀도 안 물고 개미도 안 물어요. 모기도 두 사람이 있으면 자애가 없는 사람을 더 많이 물게 됩니다.

책에 "위로는 무색계, 아래로는 욕계 그리고 중간에는 색계에 이르기까지 구분하지 않고 인색함 없이 안팎 어디에도 적이 없도록 온 세상에 자애를 한없이 펼쳐야 합니다. 미움도 원한도 넘어선 자애를" 이렇게 되어 있어요.

'아삼바당'은 욕계·색계·무색계라고 할 수도 있고, 나를 기준으로 해서 내 위로 내 아래로 등 여러 가지로 생각할 수 있는데, 이것을 우리가 자애마음을 베푸는 방편으로 생각하고 해 보세요. 그러면 알게 됩니다. 아래로 자애를 베풀어 보고 위로 베풀어 보고, 그런 식으로 차차 해보면 자애를 하는 내 마음이 달라집니다.

Tiṭṭhaṃ caraṃ nisinno va, sayāno yāvatāssa vitamiddho
(띳탕 짜랑 니신노 와 사야-노 야-와땃-사 위따밋도)
서 있거나 걷거나 앉아 있거나 누워 있거나 깨어 있는 동안에는 언제 어디서나

[해설]

'띳탕(tiṭṭhaṃ)'은 '서 있음(주)'. '짜랑(caraṃ)'은 '가고 있음(행)', '니

신노(nisinno)'는 '앉아 있음(좌)', '사야노(sayāno)'는 '누워 있음(와)'으로 '행주좌와'를 말하는데, 여기서는 '주행좌와'이지요.

'야와땃사(yāvatāssa)'는 '~까지', '위따(vita)'는 '없다', '밋도(middho)'는 '혼침, 졸음'. 즉 잠이 푹 들기 전까지는 계속 자애수행을 하라는 말입니다. 그래서 행주좌와, 언제 어디서나 잠이 들기 전까지 수행해야 합니다.

Etaṃ satiṃ adhiṭṭheyya, brahmametaṃ vihāramidhamāhu.

(에땅 사띵 아딧테이야 브라흐마메땅 위하-라미다마-후)

자애의 마음을 잊지 않고 닦아 가는 생활을 고귀한 삶이라고 부처님께서 설하셨습니다.

[해설]

'에땅(etaṃ)'은 '이것', '사띵(satiṃ)'은 '사띠', 즉 멧따사띠(자애의 마음을 잊지 않는 것)를 말합니다. 자애 대상인 모든 존재들이 '건강하고 행복하고 평화롭기를!'이라고 하면서 자애마음을 키우는 일을 잊지 않으면서 계속하는 것을 말합니다.

사마타 수행이건, 위빳사나 수행이건 사띠가 없으면 안 됩니다. 사띠는 필수입니다. 여기서 사띠는 멧따사띠를 말합니다.

'아딧테이야(adhiṭṭheyya)'는 '나는 한다'라고 결정적으로 말하는 것, 행주좌와, 어디서나 잠이 들 때까지 나는 수행한다고 이렇게 결정적으로 말하는 것이 '아딧테이야'입니다. 우리가 십바라밀을 이야기할 때 "다낭 실랑 짜 닉캄마 빤냐 위리야 빤짜망 칸띠 삿짜 마딧타나 메뚜뻭카 띠마닷사."에서 '아딧타나 빠라미'가 있지요?

결정바라밀이 아딧테이야입니다. 그렇게 결정을 내리면서 하는 것입니다. 어떻게? "나는 행주좌와, 잠이 들 때까지는 자애를 베풀겠다, 이 자애수행을 잊지 않겠다."라고 결정 내리면서 수행하는 것입니다.

'브라흐마메땅(brahmametaṃ)'은 '브라흐마(brahma)'와 '에땅(etaṃ)'을 붙여 썼습니다. '위하라미다마후(vihāramidhamāhu)'는 '위하라(vihāra)'와 '이다(idha)'와 '아후(āhu)'를 붙여 썼습니다. 중간에 'm' 소리가 있는데, 단어를 짧고 운율에 맞추기 위해서 문법적으로 그렇게 만드는 것입니다. '에땅(etaṃ)'은 '이(것)', '위하라(vihāra)'는 '삶, 사는 것', '이다(idha)'는 '여기에', 그대로 '아후(āhu)'는 '말한다'는 의미입니다. 무슨 말을 하는가? '브라흐마 위하라(brahma vihāra)'는 범천의 삶 또는 고귀한 삶이라고 말합니다. 고귀한 삶이란 무엇인가? 자애로 사는 것, 즉 자애를 베풀면서 사는 것을 고귀한 삶이라고, 나 여래의 가르침에서 말한다는 뜻입니다. 행주좌와, 잠잘 때까지 자애를 잊지 않고 베풀면서 사는 삶이 범천의 삶 혹은 고귀한 삶이라고 나 여래는 가르친다고 부처님께서 말씀하셨습니다. 칭찬하면서 잘하게끔 격려해 주는 것입니다.

'위하라(vihāra)'를 네 가지로 설명합니다.

첫째, '이리야빠타 위하라(iriyāpatha vihāra)'는 행주좌와 등의 자세로 살고 있는 삶을 말합니다. 행주좌와라는 자세의 삶이란 누구나 다 되는 일, 일반적인 삶을 사는 보통사람들의 삶을 말합니다. 우리는 하루 동안 어떻게 살고 있습니까? 앉아 있을 때도 있고, 일어서 있을 때도 있고, 누울 때도 있고, 걸어갈 때도 있습니다. 그래서 행주좌와 네 가지 자세로 살고 있는 삶을 '이리야빠타 위하라'라고 말합니다.

둘째, '딥바 위하라(dibba vihāra)'는 색계 선정이나 무색계 선정에 들어가는 것을 말합니다. '딥바(dibba)'는 신이라는 말입니다. 그래서 선정에 들어가서 죽으면 범천이라는 천신의 세상에 태어나므로 신들의 삶이라고 말합니다. '범천의 신들과 같이 살고 있다. 아주 행복하게 살고 있다.' 그런 의미로 '딥바 위하라'라고 말합니다. 색계와 무색계 선정에 들어 있으면 '딥바 위하라'입니다.

셋째, '아리야 위하라(ariya vihāra)'라는 수다원의 과 선정, 사다함의 과 선정, 아나함의 과 선정, 아라한의 과 선정, 멸진정, 그런 선정에 들어 있는 성인들의 삶을 말합니다. 멸진정은 성인 중에서도 아나함과 아라한만 됩니다.

넷째, '브라흐마 위하라(brahma vihāra)'는 사무량심으로 선정에 들어 있는 범천의 삶입니다. 자애 선정, 연민심 선정, 수희심 선정, 평정심 선정에 들어가 있는 것을 '브라흐마 위하라'라고 말합니다. 범천들의 마음과 같습니다.

이렇게 '위하라(삶)'가 네 가지가 있는데, 부처님께서는 자애수행을 '브라흐마 위하라'라고 칭찬하셨습니다. 범천이 아니더라도 범천의 마음을 갖고 있으므로 범천같이 살고 있다는 의미로 브라흐마 위하라라고 합니다.

(5) 위빳사나 수행으로 깨달음까지

Diṭṭhiñca anupagamma, sīlavā dassanena sampanno;
(딧틴짜 아누빠감마 실-라와- 닷사네나 삼빤노)
계행과 지혜를 완벽하게 지니는 수행자는 잘못된 견해에 얽매이지 않으며

[해설]

'딧티(diṭṭhi)'는 '사견', '짜(ca)'는 '~도, ~을', '딧틴짜(diṭṭhiñca)'는 '사견을', '누빠감마(nupagamma)'는 '가까이, 가까이 지낸다는 것' 즉 사견을 가진다는 말입니다. '아누빠감마(anupagamma)'는 '가까이 지내지 않는다', '가까이 가지 않는다'는 뜻입니다. 그래서 '딧틴짜 아누빠감마'는 사견을 가지지 않고 바른 견해를 가진다는 말입니다.

'실라와 닷사네나 삼빤노(sīlavā dassanena sampanno)'는 '실라와 삼빤노(계행이 완벽하다)'와 '닷사네나 삼빤노(지혜가 완벽하다)'를 압축해서 말하고 있습니다. '삼빤나(sampanna)'는 완벽하게 다 갖춘다는 말인데, 아홉 가지 부처님 공덕에서 '윗자 짜라나 삼빤노'가 있지요? 부처님의 공덕이, '윗자'는 지혜도 완벽하고, '짜라나'는 수행실천도 완벽하다는 말입니다. 마찬가지로 '실라와 삼빤노'는 계율도 완벽하고, '닷사네나 삼빤노'는 지혜도 완벽하다는 말입니다. '닷사나(dassana)'는 '본다'는 의미로, 눈으로 보는 것을 '닷사나'라고 말합니다. 여기서는 지혜로 사성제를 꿰뚫어 보는 것을 말하며, 이 사람에게 눈이 생겼다고 말하면 수다원이 되었다는 말입니다. 경전에서 '닷사나'라고 말할 때 수다원을 이야기하는 경

우가 많습니다.

'딧틴짜 아누빠감마 실라와 닷사네나 삼빤노'는 보는 눈을 갖추어 사견이 없고 계율이 완벽하다는 뜻으로 수다원이 되었다는 말입니다.

Kāmesu vineyya gedhaṃ, na hi jātu gabbhaseyya puna retīti.

(까-메수 위네이야 게당 나 히 자-뚜 갑바세이야 뿌나 레띠-띠)

감각적 욕망을 제거하고 모든 번뇌를 소멸하여 다시는 잉태되어 윤회하지 않습니다.

[해설]

'까메수(kāmesu)'는 오욕락에 빠져서, 형상들을 좋아하여 그것에 욕심내고 또 소리를 좋아하여 그 좋은 소리에 욕심내는 것을 말합니다. 냄새의 욕심, 맛의 욕심, 감촉(닿는 것)의 욕심, 남자의 욕심, 여자의 욕심, 여러 가지 욕계의 '왓투까마(vatukāma, 대상 욕심)'를 말합니다. '위네이야(vineyya)'는 '버리고', '게당(gedhaṃ)'은 '탐욕, 번뇌', 즉 '낄레사 까마(kilesa kāma, 번뇌 욕심)'를 말하고, '나 히(na hi)'는 '없어진다', '자띠(jāti)'는 '태어남', '갑바(gabbha)'는 '엄마 뱃속에', '세이야(seyya)'는 '누워 있다', '갑바세이야(gabbhaseyya)'는 '뱃속에 누워 있다', '임신된 것'을 말합니다. '뿌나(puna)'는 '다시', '에띠(etī)'는 '가다', '오다', '돌아오다', '도착하다'는 의미로, 즉 '나 히 자뚜 갑바세이야 뿌나 레띠띠'는 다시 자궁 속에 잉태되고 태어남이 없어진다는 말입니다. 즉 자애수행을 잘하여 기본이 갖추어진 사람은 유신견에 집착하지 않고 출세간의 계를 갖추어 수다원 도의 지혜를 얻어 감각적 대상에 집착하는 번뇌를 완전히 제거함으로써 닙바나(해탈)를 얻어 결코 다시 태어나는 일이 없게 됩니다.

여기부터 위빳사나 수행으로 갑니다. 이 자애수행으로 다시 태어나지 않는다고 착각하면 안 됩니다. 여기 '딧틴짜 아누빠 감마(diṭṭhiñca anupa gamma)'를 말할 때부터 위빳사나를 시작하는 것입니다. 모든 존재들이라고 말하지만 진짜 존재로 보는 것은 사견입니다. 위빳사나 수행에서는 존재로 보는 것이 아닙니다. 너, 나, 남자, 여자라고 하는 것이 사견입니다. 사실 물질과 정신뿐이라는 것을 알면 유신견에서 벗어나는 지혜가 생겼다고 합니다. 그러면 위빳사나로 가는 것이지요.

자애마음을 보내고 그 자애마음을 다시 관찰합니다. 어떻게 관찰하는가? 자애수행은 사마타 수행인데, 마음에 희열이 나타나면 희열을 관찰하고 마음이 편해지면 편안한 마음을 다시 관찰합니다. 이렇게 위빳사나 수행을 합니다. 자애수행을 하면서 그때 생기는 몸과 마음의 상태를 다시 관찰해서 물질과 정신뿐이라는 위빳사나 지혜가 생기면서 차차 사견이 없어집니다. 사견이 없어지면 수다원입니다.

'실라와 닷사네나 삼빤노(sīlavā dassanena sampanno)', 지계와 지혜가 완전하다는 것은 수다원이 되어 5계[31]를 깰 수 없다는 것을 말합니다. 수다원이 되지 못한 사람은 언제든지 계율이 깨질 수 있

31 1. 살아 있는 생명을 죽이지 않겠습니다. 2. 주지 않는 물건을 갖지 않겠습니다. 3. 음란한 행위를 하지 않겠습니다. 4. 거짓말을 하지 않겠습니다. 5. 정신을 혼미하게 하는 약물이나 술을 마시지 않겠습니다.

습니다. 살생도 할 수 있습니다. 그에 반해 수다원은 살생을 절대 하지 못합니다. 그래서 '실라와 삼빤노(sīlavā sampanno)'로 말하면 수다원 이상을 말합니다. 사견이 없다고 말하는 것은 수다원을 말하는 것이고, '실라와 삼빤노'를 말하는 것은 수다원부터 그 이상을 말합니다.

다음으로 '닷사네나(dassanena)'를 말하는 것은 수다원 지혜를 말하고, '까메수 위네이야 게당(kāmesu vineyya gedhaṃ)'은 오욕락을 버린다는 것인데, 어떻게 오욕락을 완전히 버립니까? 아나함 정도가 되어야 됩니다. '까메수 위네이야 게당'은 아나함 이상을 말하고 있습니다. 그래서 위빳사나는 선정까지 가는 사람도 선정에서 나와서 선정의 마음을 다시 관찰해야 합니다. 자애수행을 해서 선정에 들어가고 그 선정 때 있었던 위딱까(일으킨 생각), 위짜라(지속적 고찰), 삐띠(희열), 수카(행복), 에깍가따(집중) 등 선정의 요소들을 관찰하고, 그 선정 상태에 있는 몸과 마음의 상태를 다시 관찰함으로써 깨닫는데, 아나함이 되면 욕계의 욕심이 다 떨어집니다. 그것이 '까-메수 위네이야 게당'의 의미입니다.

마지막으로 '나히자-뚜 갑바세이야 뿌나 레띠띠(na hi jātu gabbhaseyya puna retīti)'입니다. 수행자는 그 욕계의 욕심을 버리면서 아나함이 되고 수행자는 더 수행을 하면 아라한이 됩니다. 아라한이 되면 다시 태어나지 않습니다. 또 아나함으로 죽는다고 해도 범천으로만 태어납니다. 다시 인간으로 태어나지 않고 신으로도 태어나지 않습니다. 그 범천도 틀림없이 아라한이 됩니다. 아나함이 되어 한 단계 올라가면 아라한밖에 없지요? 아라한이 되면 다시 태어나지 않습니다. 여기서는 범천이 되어서 다음에 아라한이 되는 이야기를 하고 있지만 사실 범천이 되지 않아도 이번 생에 바로 아라한까지 갈 수 있습니다. 아라한까지 가면 '나 히 자뚜 갑바세이야 뿌나 레띠띠'가 됩니다.

'나 히 자뚜 갑바세이야 뿌나 레띠띠' 이것으로 부처님께서 마지막 깨달음까지 말씀하셨습니다. 부처님의 모든 가르침은 마지막에는 깨달음으로 마무리하십니다. 사리뿟따 존자가 다닌자니 바라문의 마지막 임종 때 가서 법문을 하는데, 위빳사나 이야기를 하지 않고 범천까지만 이야기했어요. 그러자 부처님께서 깨달을 수 있는 사람에게 그렇게 하면 안 된다고 하셨습니다. 스님들이 설법할 때는 위빳사나까지, 깨달음까지 이야기하라고 하셨습니다. 그런 이야기가 종종 있었습니다.

보시를 할 때도 보시에 멈추지 말고 그 보시공덕으로 "닙바나 사빠짜야 호뚜!(해탈의 조건이 되기를!)"라고 기원하라고 하셨습니다. 마찬가지로 계율을 지킬 때도 계율에 멈추지 말고 "이 계율의 공덕이 해탈의 밑거름이 되기를!"라고 하면서 항상 마음의 방향을 세속에 머물게 하지 말고, 세속에서 벗어나려고 하는 닉캄마(출가)의 마음으로 향상시키라고 하셨습니다. 부처님께서도 『자애경』을 범천이 되는 이야기에 멈추지 말고 깨달아서 위와 같이 다시 태어나지 않는 아라한이 되는 이야기까지 하셨던 것입니다.

4) 자애 실천문

위에서 설명한 바와 같이 『자애경』대로 실천 수행할 때 자애를 보내는 열한 가지 방법을 한글로 정리하면 다음과 같습니다.

① 모든 존재들이 행복하기를! 위험 없기를! 몸과 마음이 편안하고 행복하기를!

② 살아 있는 생명이면 예외 없이 무서움이 있거나 무서움이 없거나 모든 존재들이 행복하기를! 위험 없기를! 몸과 마음이 편안하고 행복하기를!

③ 살아 있는 생명이면 예외 없이 길거나 중간이거나 짧거나 모든 존재들이 행복하기를! 위험 없기를! 몸과 마음이 편안하고 행복하기를!

④ 살아 있는 생명이면 예외 없이 크거나 중간이거나 작거나 모든 존재들이 행복하기를! 위험 없기를! 몸과 마음이 편안하고 행복하기를!

⑤ 살아 있는 생명이면 예외 없이 뚱뚱하거나 중간이거나 말랐거나 모든 존재들이 행복하기를! 위험 없기를! 몸과 마음이 편안하고 행복하기를!

⑥ 살아 있는 생명이면 예외 없이 보았든 보지 못했든 모든 존재들이 행복하기를! 위험 없기를! 몸과 마음이 편안하고 행복하기를!

⑦ 살아 있는 생명이면 예외 없이 멀리 있든 가까이 있든 모든 존재들이 행복하기를! 위험 없기를! 몸과 마음이 편안하고 행복하기를!

⑧ 살아 있는 생명이면 예외 없이 태어날 일이 끝난 아라한이든 태어난 일이 남은 유학과 범부이든 모든 존재들이 행복하기를!

위험 없기를! 몸과 마음이 편안하고 행복하기를!

⑨ 어느 누구든 다른 이를 속이지 않기를

⑩ 어느 누구든 다른 이를 조금도 무시하지 않기를

⑪ 분노와 원한을 가지고 서로서로 다른 이의 고통을 바라지 않기를

5. 법보시가 최고

Sabbadānaṃ dhammadānaṃ jināti.
(삽바다낭 담마다낭 지나띠)
모든 보시 중에 법보시가 최고이다
Sabbarasaṃ dhammaraso jināti.
(삽바라상 담마라소 지나띠)
모든 맛 중에 법의 맛이 최고이다
Sabbaratiṃ dhammarati jināti.
(삽바라띵 담마라띠 지나띠)
모든 즐거움 중에 법의 즐거움이 최고이다

'삽바다낭 담마다낭 지나띠!(sabbadānaṃ dhammadānaṃ jināti)'는 모든 보시 중에 법보시가 최고이고 모든 보시를 법보시가 이긴다는 말입니다. 여러분들은 법보시를 해 보셨습니까? 지금 법문하는 것이 법보시입니다. 힘들다, 힘들다 해도 법문하는 것만큼 기쁜 일이 없습니다. 법문하는 것이 법보시이기 때문에 '삽바다낭

담마다낭 지나띠'입니다.

'삽바라상 담마라소 지나띠(sabbarasaṃ dhammaraso jināti)'는 맛 중에 법의 맛이 최고라는 말입니다. 뭐가 맛있다, 맛있다고 해도 법만큼 맛있는 것이 없습니다. 여러분들이 법을 듣고, 듣고 들으면서도 또 듣고 싶은 것이 부처님의 법입니다. 빤딧짜 스님의 법이 아니고 부처님의 법이기 때문에 좋습니다. 제가 젊었을 때 스무살부터 법문을 시작했는데, 처음이니까 아주 잘하고 싶었겠지요? 우리 은사스님 선원에서 수행을 오래 했던 할머니 수행자가 계셨는데, 진짜 성인 같은 분이셨습니다. 제가 법문을 끝내자마자 참지 못하고 가서 물어보았습니다. "할머니! 제 법문 좋아요?" "좋지요, 부처님 법인데." 그때 그 한마디에 '아! 부처님 법이지, 내 법이 아니구나.'라고 확실하게 이해했습니다.

'삽바라띵 담마라띠 지나띠(sabbaratiṃ dhammarati jināti)!는 모든 즐거움 중에 법의 즐거움이 최고라는 말입니다. 여러 가지 즐거움이 있는데, 여러분들도 많이 즐거워해 봤지요? 오욕락으로 먹고 즐거워하고, 놀고 즐거워하고, 영화 보고 즐거워하고, 노래 부르고 즐거워하고, 그런 여러 가지 즐거움 중에 법으로 즐거운 것이 최고의 즐거움이라는 말입니다.

법문을 듣고 이해할 수 있는 것보다 수행을 해보면 또 더 깊이 이해가 됩니다. 다른 즐거움이라는 것은 항상 두 개 이상 있어야 합니다. 남자가 있으면 여자가 있어야 하고, 노래를 들으려면 귀가 있어야 하고, 영화를 보려면 눈이 있어야 하고…… 항상 그렇습니다. 먹으려면 먹이가 있어야 됩니다. 먹는 사람과 음식, 보는 사람과 형상, 듣는 사람과 소리, 이렇게 항상 둘 이상이 필요합니다. 그에 반해 수행은 혼자서 합니다.

혼자서 행복할 수 있는 것은 수행밖에 없습니다. 아무것도 필요 없습니다. 진정한 기쁨은 법으로부터 나옵니다. 그래서 법의 즐거움이 모든 즐거움을 이긴다고 하는 것입니다. 즐거움 중에 법으로 즐거운 것이 최고입니다.

부처님의 진실하고 분명한 가르침을 열심히 배우고 실천하여 부처님의 대자대비를 본받고 모든 존재들에게 한없는 자애를 베풀면서 팔정도 수행으로 삼세윤회 모든 고통에서 벗어나 온전한 행복, 완전한 자유인 닙바나를 꼭 성취하시기를 기원합니다.

sādhu! sādhu! sādhu!

사-두! 사-두! 사-두!

6. 발원 및 회향

Imāya dhammānudhammapaṭipattiyā Buddhaṁ pūjemi

(이마-야 담마누담마빳띠빳띠야 붓당 뿌-제미)

Imāya dhammānudhammapaṭipattiyā Dhammaṁ pūjemi

(이마-야 담마누담마빳띠빳띠야 담망 뿌-제미)

Imāya dhammānudhammapaṭipattiyā Saṁghaṁ pūjemi

(이마-야 담마누담마빳띠빳띠야 상강 뿌-제미)

네 가지 도와 네 가지 과 그리고 닙바나, 이와 같은 아홉 가지 법을 마땅히 성취할 수 있는 수행으로, 성스러운 부처님께 공양을 올립니다. 드높은 법에 공양을 올립니다. 드높은 승가에 공양을 올립니다. 저의 이러한 보시 공덕이 해탈의 밑거름이 되기를 기원합니다. 저의 이러한 계행 공덕이 도 지혜, 과 지혜의 밑거름이 되기를 기원합니다. 저의 이러한 수행 공덕으로 모든 번뇌를 벗어날 수 있기를 기원합니다. 저의 이러한 선행 공덕을 모든 존재에게 회향합니다.

일체 중생들이 조화로울지어다! 일체 중생들이 평화로울지어다! 일체 중생들이 행복할지어다!

이같이 행한 우리의 선업(善業)으로 평화롭고 고요하며, 안전한 닙바나 행복으로 곧바로 갈 수 있기를, 이런 저런 생으로 윤회를 하더라도 고통과 위험, 적과 나쁜 일이 없으며 모든 소망을 뜻대로 이루기를 기원합니다. 오늘 행한 이 모든 선행 공덕을 부모님, 스승님, 친척들, 그리고 나의 수호신을 비롯하여 31처에 존재하는 모든 존재들에게 회향합니다. 이와 같이 나누고자 하오니 수많은 존재들이여, 사두(sādhu)를 부르소서!

sādhu! sādhu! sādhu!
사-두! 사-두! 사-두!

Buddha sāsanaṃ ciraṃ tiṭṭhatu!
붓다 사-사낭 찌랑 띳타뜨 (3번)
(부처님의 가르침이 오래오래 머무소서)

sādhu! sādhu! sādhu!
사-두! 사-두! 사-두!